Sainte Beuve et ses

A. J. Pons

Alpha Editions

This edition published in 2024

ISBN : 9789362515353

Design and Setting By
Alpha Editions
www.alphaedis.com
Email - info@alphaedis.com

As per information held with us this book is in Public Domain.
This book is a reproduction of an important historical work. Alpha Editions uses the best technology to reproduce historical work in the same manner it was first published to preserve its original nature. Any marks or number seen are left intentionally to preserve its true form.

Contents

PRÉFACE ....- 1 -
I ....- 4 -
II ....- 12 -
III ....- 22 -
IV ....- 34 -
V ....- 41 -
VI ....- 47 -
VII ....- 58 -
VIII ....- 64 -
IX ....- 71 -
X ....- 86 -
XI ....- 99 -
XII ....- 105 -
XIII ....- 111 -
XIV ....- 117 -
NOTES ....- 127 -

PRÉFACE

Pour qui veut connaître à fond un seul homme, un individu, tout trompe, tout est sujet à méprise, et l'apparence, et l'habitude, et les opinions, et le langage, et les actions même qui, souvent, sont en sens inverse de leur mobile: il n'y a qu'une chose qui ne trompe pas, c'est quand on a pu saisir une fois le secret ressort d'un chacun, sa passion maîtresse et dominante.

* * * * *

Il est très-utile d'abord de commencer par le commencement, et, quand on en a le moyen, de prendre l'écrivain supérieur ou distingué, dans son pays natal, dans sa race... Pour le critique qui étudie un talent, il n'est rien de tel que de le surprendre dans son premier feu, dans son premier jet; de le respirer à son heure matinale, dans sa fleur d'âme et de jeunesse.

* * * * *

Quand on s'est bien édifié autant qu'on le peut sur les origines, sur la parenté immédiate et prochaine d'un écrivain éminent, un point essentiel est à déterminer, après le chapitre de ses études et de son éducation: c'est le premier milieu, le premier groupe d'amis et de contemporains dans lequel il s'est trouvé au moment où son talent a éclaté, a pris corps et est devenu adulte.

* * * * *

On ne saurait s'y prendre de trop de façons et par trop de bouts pour connaître un homme, c'est-à-dire autre chose qu'un pur esprit. Tant qu'on ne s'est pas adressé sur un auteur un certain nombre de questions et qu'on n'y a pas répondu, on n'est pas sûr de le tenir tout entier... Que pensait-il en religion? Comment était-il affecté du spectacle de la nature? Comment se comportait-il sur l'article des femmes? Sur l'article de l'argent? Était-il riche, était-il pauvre? Quel était son régime, quelle était sa manière journalière de vivre? etc. Aucune des réponses à ces questions n'est indifférente pour juger l'auteur d'un livre et le livre lui-même.—Ces diables de biographes ont en la plupart jusqu'ici la manie de rester dans les termes généraux. Ils trouvent que c'est plus noble.—Ces gens-là masquent et suppriment la nature.

* * * * *

Ce n'est pas moi qui blâmerai un critique de nous indiquer, même avec détail, la physiologie de son auteur et son degré de bonne ou mauvaise santé, influant certainement sur son moral et son talent. Accroissons le plus possible le nombre de ces livres naturels, où des esprits et des coeurs vivants se montrent avec sincérité et apportent une expérience de plus dans le trésor de l'observation humaine. Connaître et bien connaître un homme de plus, surtout si cet homme est un individu marquant et célèbre, c'est une grande chose et qui ne saurait être à dédaigner.

* * * * *

Le plus grand intérêt et le premier rang n'appartiennent qu'aux hommes qui ont couru toute leur pleine carrière et qui ont épuisé toutes les fortunes, qui ont donné toute leur mesure. Lorsque la critique s'applique à des talents aussi éminents, à des oeuvres aussi distinguées, cette critique présuppose toujours une grande louange et une haute estime.

* * * * *

Il m'a semblé qu'à défaut de la flamme poétique qui colore, mais qui leurre, il n'y avait point d'emploi plus légitime et plus honorable de l'esprit que de voir les choses et les hommes comme ils sont, et de les exprimer tels qu'on les voit.

* * * * *

M. Villemain lisait un jour à Sieyès son éloge de Montaigne. Quand il en fut au passage où il est dit: Mais je craindrais en lisant Rousseau d'arrêter trop longtemps mes regards sur de coupables faiblesses qu'il faut toujours tenir loin de soi, *Sieyès l'interrompit en disant: «Mais non, il vaut mieux les laisser approcher de soi pour pouvoir les étudier de plus près.» Le dirais-je? je suis comme Sieyès.—Les tribunaux sont de mauvais juges en ces matières, et on a beau jeu sur le mur de la vie privée. C'est un beau thème à l'avocat général.*

* * * * *

La plupart des hommes, d'ailleurs, n'ont pas lu ceux qu'ils jugent: ils ont une prévention première acquise par ouï-dire et on ne sait comment; ils ont lu, à travers cela, quelques pages de vous, à la volée, et ils ignorent complétement l'origine littéraire et politique de l'homme, la suite de ses écrits recueillis; ils n'ont pas même eu entre les mains les principaux de ses ouvrages et ceux sur lesquels il a consumé des années.—Avec cela, en général, ils n'aiment pas la vérité, c'est-à-dire cet ensemble non arrangé de qualités et de défauts, de vertus et de vices qui constituent la personne humaine. Ils veulent leur homme, leur héros, tout d'une pièce, tout un, ange ou démon! C'est leur gâter leur idée, que de venir leur montrer dans un miroir fidèle le visage d'un mort avec son front, son teint et ses verrues. Pourquoi donc reculer devant l'expression entière de la nature humaine dans sa vérité? Pourquoi l'affaiblir à dessein et presque en rougir? Aurons-nous toujours l'idole et jamais l'homme?

* * * * *

Voyons les hommes par l'endroit et par l'envers. Sachons ce que leur morale pratique confère ou retire d'autorité aux doctrines que célèbre et professe avec éclat leur talent.

* * * * *

Quand je dis de ne pas masquer l'homme, ce n'est pas que j'aie la grossièreté de vouloir qu'on exprime tout. Il y a des coins de vérité qu'on présentera plus agréablement sous un léger voile.

* * * * *

Les hommes, vus de près et dans l'intérieur, sont souvent pires, mais quelquefois aussi ils valent mieux que quand on ne les voit et qu'on ne les juge que d'après le monde et sur l'étiquette de la renommée.

* * * * *

Quand on le peut et quand le modèle a posé suffisamment devant vous, il faut faire les portraits les plus ressemblants possible, les plus étudiés, et réellement vivants; y mettre les verrues, les signes au visage, tout ce qui caractérise une physionomie au naturel... Je crois que la vie y gagne et que la grandeur vraie n'y perd pas.

* * * * *

Je n'aime pas les portraits de convention, le public les aime assez; il est toujours délicat de déranger un de ces portraits tels qu'il les a vus et tels qu'il les veut; il semble qu'en y mettant les verrues et les taches, on ait dessein de le salir et de l'outrager... Tranquillisez-vous, ne vous fâchez pas! on ne prétend rien ôter que de faux, on ne veut y remettre que la vérité de la physionomie et l'entière ressemblance.

* * * * *

Il n'est rien de tel, pour fortifier son jugement et accroître son expérience, que d'écouter les esprits supérieurs et de recueillir leurs témoignages, quand ils ne s'expriment pas en vue de la foule et pour amuser la galerie, mais quand ils parlent avec netteté et simplicité pour se laisser voir tels qu'ils sont à ceux qui sont dignes de les bien voir.

* * * * *

Sur ceux qui ont beaucoup écrit et surtout qui ont jugé les écrivains, on écrit beaucoup. La plume appelle la plume, et les amours-propres intéressés ont beaucoup de babil. Sur Malherbe, sur Boileau, sur Pope, sur Johnson, non content de les juger par leurs ouvrages, on a fait des livres, on a recueilli leurs moindres mots, on les a étudiés et poursuivis jusque dans le détail domestique de leur vie.

* * * * *

Si par la même méthode, sans plus d'art, mais avec la même impartialité, on bâtissait sur chacun de nos grands auteurs des volumes ainsi farcis et composés de détails biographiques, jugements, analyses, fragments de lettres, témoignages pour et contre, anecdotes et ana, *on aurait toute la vérité désirable, on saurait d'original et de fond en comble, le talent, le caractère et la personne. Ce serait tout gain pour le lecteur; la part et le mérite du collecteur disparaîtraient dans le résultat.*

SAINTE-BEUVE, *passim.*

I

ENFANCE.—PREMIÈRE AMOURETTE.—DÉPART POUR PARIS.

Après le plaisir de faire l'amour, il n'en est pas de plus grand que d'en parler, d'en décrire les ivresses, d'en rappeler les émotions, les joies et les douleurs. Aussi les héroïnes de tragédie n'apparaissent-elles sur le théâtre que flanquées d'une confidente à qui elles dépeignent leur tourment, et qui répond comme un écho aux agitations passionnées de leur âme. La contagion a gagné nos grands écrivains; chacun d'eux se croit tenu de nous rendre compte de ses bonnes fortunes, et le public devient ainsi leur confident.

Quand ils sont sincères, ce qui est rare, leur confession, loin de déplaire, est pour nous du plus grand intérêt; elle nous gagne le coeur. L'humanité, reconnaissant en eux ses propres faiblesses, se mire avec complaisance dans le tableau de leurs égarements.

Pourquoi sommes-nous profondément remués par certaines pages de J.-J. Rousseau? C'est que nous y retrouvons nos propres sentiments, les souvenirs de notre jeunesse et ce vague désir qui, nous attirant vers les femmes au printemps de la vie, a fait éprouver à nos sens de si enivrantes délices que le reste de nos jours en est comme embelli et parfumé.

Malheureusement, son livre reste unique. Tous les prétendus *Mémoires* et *Confidences*, que l'on nous a donnés depuis, ne sont que des romans où l'auteur se farde et se pose à son avantage en vue de la postérité. Le parti-pris en corrompt la sincérité.

Les meilleures confessions sont encore celles que l'on fait sans dessein, sans plan arrêté et comme à son corps défendant. Tel est le cas de Sainte-Beuve. Il a semé çà et là, dans ses livres, une foule, d'aveux marqués au coin de la franchise, et qui ouvrent des jours nouveaux sur ses idées et ses sentiments; il n'y a guère qu'à l'y découper pour le dessiner aux yeux et le faire saillir avec relief. On peut dire qu'il a passé sa vie, comme Montaigne, à faire son portrait, quoique avec moins de coquetterie. Il a laissé de plus, afin de nous guider, deux autobiographies très-exactes où sont indiqués les points essentiels. Après avoir tant fait pour la mémoire des autres, n'était-il pas juste qu'il prît quelque soin de la sienne?

Doué d'une complexion fort amoureuse et d'un caractère à velléités indépendantes, il a largement usé des libertés du célibat. Sans prétendre le suivre à travers tous les mondes qu'il a traversés, nous pouvons cependant, en nous aidant des biographies déjà publiées, d'un ouvrage posthume et de nos souvenirs personnels, raconter quelques-unes des aventures que ses passions lui firent courir.

Est-il besoin de réfuter le reproche banal de laideur sur lequel on a tant insisté? Sainte-Beuve n'avait certes rien d'un Adonis; les traits de son visage étaient empreints de vigueur plus que de grâce et de beauté. Soit. Mais combien ne rachetait-il pas ce désavantage, si c'en est un, par l'affabilité de ses manières et la délicatesse de ses attentions! Élevé avec tendresse par sa tante et par sa mère, il avait reçu d'elles le charme et les coquetteries du tempérament féminin. Dès qu'il était en présence d'une jupe, duchesse ou grisette, son visage rayonnait de béatitude, ses yeux pétillaient de malice et son fin sourire désarmait la fierté. Sans jamais se départir des prévenances et de la politesse d'un autre âge, il savait s'insinuer dans leur confiance, entrer dans leurs intérêts, se pâmer d'admiration pour leurs attraits ou leur esprit, déployer enfin toutes les câlineries et séductions qui triomphent des plus rebelles. Ajoutez-y, ce qu'elles ne dédaignent pas, un dévouement à toute épreuve et une grande générosité. Que faut-il de plus pour réussir? Être poëte? Il l'était; ses vers avaient même je ne sais quoi de discret, d'intime et de douloureux qui appelait la consolation.

Tout cela, au fond, je le crois, n'était à autre fin que d'introduire plus adroitement l'ennemi dans la place, de planter, suivant son expression, *le clou d'or de l'amitié*. Il n'en est pas moins vrai qu'il avait de quoi plaire et qu'il est souverainement injuste d'attribuer, ainsi qu'on l'a fait, la sévérité de quelques-uns de ses jugements à un dépit amoureux.

Dans une lettre à Mlle Ernestine Drouet, je puise les meilleures raisons de son impartialité; c'était un don de nature qu'aucun dépit, amoureux ou autre, n'était capable de troubler: «Plus je vais, plus je deviens indifférent: seulement, les jugements se forment en moi, et, une fois établis, après deux ou trois secousses ou épreuves, ils sont affermis et ne délogent plus. Je crois, d'ailleurs, n'avoir aucune animosité. Remarquez que je n'ai pas assez de temps pour cela; les animosités elles-mêmes demandent à être cultivées. Obligé si souvent de déplacer mon esprit et mon intérêt, de l'attacher et de l'enfoncer en des écrits et des auteurs si différents, y cherchant chaque fois le plus de vérité possible, je me blase aussi vite sur les irritations et les piqûres, et, au bout de quelque temps, je ne sais presque plus de quoi il s'agit.» Il était trop occupé de penser pour avoir le temps de haïr. Un jour que j'avais eu la légèreté de répéter devant lui, contre une personne qui lui avait été injustement hostile, un de ces méchants propos avec lesquels on flétrirait la vertu même, il me tança vertement et prit la défense de sa belle ennemie.

Un usage, emprunté aux savants d'Allemagne et qui tend à se répandre chez nous, veut que l'on ne raconte plus guère la vie de quelqu'un sans remonter à ses origines, sans ouvrir tout grand le rideau de l'alcôve où il fut engendré. On nous fait assister au mystère de sa génération, afin de préciser exactement ce qui, dans sa nature, vient de sa mère et ce qu'il tient en droit fil de son père. Sainte-Beuve, qui raille agréablement cette indiscrétion chez les autres, la comparant à celle d'un faune rieur qui regarderait par-dessus l'épaule et jusque dans le sein de Clio, a tenu pourtant à nous initier lui-même du secret de son organisation. Il nous apprend que son père, Charles-François de Sainte-Beuve, natif de Moreuil en Picardie, était venu jeune se fixer à Boulogne-sur-Mer comme employé des aides. Successivement contrôleur des droits réunis, puis organisateur et directeur de l'octroi, il aima longtemps une demoiselle de la bourgeoisie et de race anglaise, Augustine Coilliot; mais il ne put, vu leur manque de fortune, l'épouser qu'à l'âge de cinquante et un ans, alors qu'elle-même en avait près de quarante. Leur union tardive fut, à huit mois de là, brisée par la mort du mari qui laissait sa femme enceinte. L'enfant naquit ainsi dans le deuil et il attribue, avec quelque apparence de raison, le caractère mélancolique de son talent, aux ennuis de sa mère pendant sa grossesse. Rien d'étonnant qu'il ait dû aux souffrances ressenties dans l'amnios cette crainte prudente et cette maturité précoce à qui le monde dès l'abord ne semblera ni si riant ni si facile qu'à d'autres. Quant à son père, le prestige de l'absence en embellissant l'image à ses yeux, il va jusqu'à lui faire honneur de sa propre vocation d'écrivain.

«Mon père avait fait de bonnes études, et depuis il avait toujours cultivé la chose littéraire avec amour, avec goût. Homme sobre et de moeurs continentes, il m'a eu à plus de cinquante ans, quand son cerveau était le mieux meublé possible et que toute cette acquisition littéraire, qu'il avait amassée durant sa vie avait eu le temps de se fixer avec fermeté dans son organisation. Il me l'a transmise en m'engendrant; et dès l'enfance j'aimais les livres, les notices littéraires, les beaux extraits des auteurs, en un mot ce qu'il aimait. Le point où mon père était arrivé s'est trouvé logé dans un coin de mon cerveau à l'état d'organe et d'instinct, et ç'a été mon point de départ.»

Sentiment honorable autant que juste, qui fait ainsi remonter la gloire! Il est bon que le père, comme en Chine, gagne et croisse en honneur par les mérites mêmes de son fils. Au fond la théorie est plus spécieuse que vraie, et l'on aurait tort de la généraliser, car elle ferait de chacun de nous le continuateur fatal et progressif de celui à qui nous devons le jour. Nombreux au contraire sont les fils en qui ne se retrouve rien de la molécule originelle et qui font mentir le proverbe connu.

Auprès de Mme Sainte-Beuve, et pour l'aider à élever son fils, vint s'établir une soeur du défunt qui, elle aussi, s'étant mariée fort tard, était devenue veuve et avait hérité d'un petit douaire. En réunissant leurs ressources, les deux dames pouvaient disposer de trois à quatre mille francs de revenu et d'une maison qu'elles habitaient *rue des Vieillards*. C'était assez pour vivre, mais trop peu pour assurer l'avenir de celui sur lequel se fondaient leurs espérances. Il est vrai que la médiocrité de fortune est peut-être le plus sur des points de départ. Loin de nuire au talent, quand il existe, elle lui sert plutôt d'éperon. Mis en demeure de parvenir quand même, le peu de secours aiguise ses désirs et son industrie, et met en oeuvre tout ce qui est en lui. L'enfant, averti de bonne heure; dirigé et couvé, pour ainsi dire, par une double sollicitude, vint à souhait, sage, docile, studieux, distançant à l'étude tous les élèves de la pension Blériot. On ne trouvait à reprendre, dans son caractère, qu'un peu trop de fierté, certain ressort assez vif qui le rendait moins commode qu'il n'aurait fallu dans l'habitude.

On sait que Boulogne était le port d'où Napoléon comptait s'élancer pour sa descente en Angleterre. Il y venait de temps à autre passer en revue l'armée et la flottille. En 1811, notre jeune écolier, en compagnie de militaires et costumé en hussard, assista à la dernière de ces revues et vit de près le grand capitaine. Je doute que ce spectacle l'ait beaucoup enthousiasmé; ou, s'il rêva un moment de gloire et de combats, les événements y mirent obstacle. Au fond, il était de ceux qui en guise d'épée auront surtout à coeur de tenir une bonne plume. Dans ses sorties, il passait souvent devant la maison de la haute ville où le Sage s'était retiré, sur ses vieux jours, et se disait sans doute: «Et moi aussi je ferai des livres et je laisserai un souvenir dans ce monde qui passe.» Presque tous les ans, pendant les vacances, il avait le plaisir de voir l'historien des croisades, Michaud, et d'entendre au dessert son odyssée. Ce qui le frappa surtout chez un homme que l'on considérait comme un des chefs du parti royaliste et religieux, ce fut d'apprendre que, mis en prison et se croyant à la veille de périr, il avait fait demander et avait lu, comme livre de consolation, *les Essais de Montaigne*[1].

Une autre visite, celle de Victor Jacquemont, parisien de son âge et de l'école de Stendhal, apprit au contraire au jeune Boulonnais combien l'esprit que l'on affecte est déplaisant. Dans un dîner qu'ils firent ensemble chez un de leurs camarades, il fut blessé d'entendre ce freluquet répéter à tout propos un mot qui faisait la *scie* à la mode en 1817. Son instinct de critique l'avertissait déjà qu'il est mieux de ne pas tant appuyer.

Cependant à la pension il s'était fait un ami, Eustache Barbe, avec lequel il se livrait à de longues promenades autour des remparts ou au vallon du Denacre, ou encore sur les sables de la plage, respirant à pleins poumons les brises fortifiantes de la mer. Ils causaient ensemble non d'amusements et de jeux, mais de choses sérieuses, de Dieu, de la religion. L'un, qui devait entrer dans le sacerdoce et enseigner le dogme, y croyait déjà aveuglément; l'autre préludait à son rôle de grand sceptique par des objections et des réserves. Malgré l'opposition de leurs caractères et la différence de leurs destinées, le lien d'amitié ne sera brisé entre eux que par la mort. La dernière lettre de Sainte-Beuve à l'abbé, datée de 1865, contient cette phrase typique: «Si tu te rappelles nos longues conversations sur les remparts, ou au bord de la mer, je t'avouerai qu'après plus de quarante ans j'en suis encore là. Je comprends, j'écoute, je me laisse dire; je réponds faiblement, plutôt par des doutes que par des arguments bien fermes; mais enfin, je n'ai jamais pu parvenir à me former, sur ce grave sujet, une foi, une croyance, une conviction qui subsiste et ne s'ébranle pas le moment d'après.» Cela n'a pas empêché un juge de Boulogne, M. Morand, d'insinuer, en publiant ces lettres, que l'illustre critique était au fond catholique sincère et que le respect humain seul avait dicté ce qu'il y a de philosophique dans son oeuvre[2]. Si ce magistrat apporte à son tribunal un esprit de discernement aussi intelligent, que doivent penser les justiciables?

Bientôt l'amitié ne suffit plus au coeur de l'écolier; un sentiment plus vif s'empare de lui; voici venir le premier attrait invincible, le plus simple, le plus éternel de tous; celui dans lequel les sens jouent leur rôle, même à leur insu, l'amour de Chloé pour Daphnis, celui de Paul pour Virginie. Non loin de la ville, au château de Wierre, habitait une famille amie de la sienne, où il rencontra une blonde fillette de seize ans avec laquelle il jouait d'abord en camarade. L'habitude familière du voisinage favorisant leur inclination, il ne tarda pas à l'aimer avec toute la vivacité d'une première ardeur. Mais dès qu'il sentit s'élever les mouvements inconnus qui devancent la puberté, honteux et effrayé de cet éveil des sens, il voulut en réprimer la précoce émotion et combattre un penchant dont on lui avait dit tant de mal. Puis, encouragé par un accueil qui n'avait rien de farouche, il s'abandonna à l'attrait et prit souvent le sentier le long de la haie et du ruisseau qui mène directement à la grille du parc. Après avoir consumé le jour aux impatiences du désir, chaque soir, à la clarté des étoiles, il rencontrait la jeune fille près du balcon encadré de lierre, et se livrait avec elle à de longues causeries coupées de soupirs et de silences. Que de fois, promenant leurs pas assoupis sur le velours des gazons, le long de l'enclos du verger en fleurs, les deux enfants se redirent à mi-voix des aveux déjà répétés, mais toujours si doux à entendre! Quelle volupté pour l'amant de serrer un bras dont les souples rondeurs ravissaient la main, de remonter un mantelet sur des épaules frissonnantes, de ramasser un mouchoir qu'il ne rendait qu'après en avoir respiré le parfum virginal! Et les confidences sans fin sous le murmure du feuillage, et les projets d'avenir caressés longuement, et les promesses d'éternelle fidélité, et les menus suffrages accordés ou ravis dans une étreinte furtive!

Plus tard, on aime à se rappeler, dût-on en sourire un brin, ces naïfs enchantements de l'enfance: «Notre familiarité avait cela d'attrayant qu'elle était indéfinie, et que le lien délicat qui flottait entre nous n'ayant jamais été pressé, pouvait indifféremment se laisser ignorer ou sentir, et fuyait à volonté sous ce mutuel enjouement qui favorise les tendresses naissantes. Le plus souvent, dans le tête-à-tête, nous ne nous donnions pas de noms en causant parce qu'aucun ne serait allé juste à la mesure du vague et particulier sentiment qui nous animait. Devant le monde, le visage était toujours là pour corriger ce que l'usage imposait de trop cérémonieux. Mais seuls nous nous gardions d'ordinaire, nous nous dispensions de tout nom, heureux de suivre bien uniment, l'un à côté de l'autre, le fil de notre causerie, et cette aisance même, qui au fond ne manquait pas de quelque embarras, était une grâce de plus dans notre situation, une mystérieuse nuance.»

Hélas! à peine ébauchée, ainsi qu'il arrive d'ordinaire, l'idylle fut interrompue et supprimée par la volonté des parents. Les amoureux étaient trop jeunes pour songer au mariage. D'ailleurs, Sainte-Beuve avait l'esprit trop romanesque pour se contenter d'un bonheur si facile; il ne se sentait pas la force de faire au chaste amour qui s'offrait à lui le sacrifice de rêves ambitieux.

«D'étranges idées sur l'amour m'étaient survenues. En même temps que la crainte d'arriver trop tard m'embrasait en secret d'un désir immédiat et brutal, qui, s'il avait osé se produire, ne se fût guère embarrassé du choix, je me livrais en revanche, dans les intervalles, au raffinement des plans romanesques. Mais, à aucun moment de cette alternative, le sentiment permis, modeste et pur, ne trouvait place, et je perdais par degrés l'idée facile d'y rapporter le bonheur.»

Déjà il est de ceux qui, dès le début, ont trop réfléchi, trop disserté sur l'amour pour le ressentir dans toute sa naïveté.

S'il aime à filer l'intrigue amoureuse, une union conjugale et ce qui s'ensuit ne lui sourit pas; c'est trop simple et trop prosaïque; il nous le redit sur tous les tons:

«Amour, naissant amour, ou quoi que ce soit qui en approche; voix incertaine qui soupire en nous et qui chante; mélodie confuse qu'en souvenir d'Eden, une fois au moins dans la vie, le Créateur nous envoie sur les ailes de notre printemps! Choix, aveu, promesse, bonheur accordé qui s'offrait alors et dont je ne voulus pas! Quel coeur un peu réfléchi ne s'est pas troublé, n'a pas reculé presque d'effroi au moment de vous presser et de vous saisir!»

Comme on voit là se prononcer les instincts du célibataire en même temps que la prudence du bourgeois! Faute d'une fortune suffisante pour soutenir selon son rang les charges et dépenses du mariage, on préfère rester garçon. Dans le peuple, il y a plus de hardiesse, plus de confiance en l'avenir et, pour tout dire, un sentiment de force qui ne se trouve pas ici.

Les moeurs réglées sourient peu, il est vrai, aux esprits romanesques et ne les amusent qu'un instant. Pour les intéresser ou les émouvoir, il faut l'irrégularité des situations et les orages d'un attachement défendu.

Chez Sainte-Beuve, contrairement à la maxime de la Rochefoucauld, l'esprit ne sera jamais la dupe du coeur. En satisfaisant aux appétits de l'un, il ne négligera pas d'orner l'autre. Dès ce moment le désir de savoir le grec lui était venu. Comme personne autour de lui ne pouvait guère en déchiffrer que les caractères, il essaie de l'étudier seul, opiniâtrement, sans secours; puis, en désespoir de cause, se résout d'aller l'apprendre à Paris où seulement on le savait et décide sa mère à l'y envoyer.

Voulez-vous tenir de lui comment on doit étudier cette langue et les efforts qu'il a faits pour y parvenir? Il nous le dira avec abondance et verve. «Ah! savoir le grec, ce n'est pas, comme on pourrait se l'imaginer, comprendre le sens des auteurs, de certains auteurs en gros, vaille que vaille (ce qui est déjà beaucoup), et les traduire à peu près; savoir le grec, c'est la chose du monde la plus rare, la plus difficile,—j'en puis parler pour l'avoir tentée maintes fois et y avoir toujours échoué;—c'est comprendre non pas seulement les mots, mais toutes les formes de la langue la plus complète, la plus savante, la plus nuancée; en distinguer les dialectes, les âges; en sentir le ton et l'accent,— cette accentuation variable et mobile sans laquelle on reste plus ou moins barbare;—c'est avoir la tête assez ferme pour saisir chez les auteurs tels qu'un Thucydide le jeu de groupes entiers d'expressions qui n'en font qu'une seule dans la phrase et qui se comportent et se gouvernent comme un seul mot.» Il continue ainsi, accumulant comme à plaisir les difficultés. Aux conditions indispensables qu'il impose, on peut affirmer hardiment que personne parmi les modernes, peut-être même chez les anciens, n'a atteint un tel degré de perfection, un idéal si haut placé.

En tout cas, les professeurs qu'il rencontre à Paris sont un peu loin de la route. Si l'élève avait rêvé de nobles et délicats festins où circuleraient, au son d'une lyre, les coupes d'or couronnées de fleurs, au milieu de convives uniquement occupés de philosophie et d'art, il fallut en rabattre. Admis à la table de son maître de pension Landry, il y connut quelques-uns des universitaires alors en renom et de ses devanciers en critiques, dont voici le vivant portrait: «gens de collège ayant du cuistre et de l'abbé, du gâcheux et du corsaire, du censeur et du parasite; instruits d'ailleurs, bons humanistes, sachant leurs auteurs, aimant les lettres, certaines lettres; aimant à égal degré la table, le vin, les cadeaux, les femmes ou même autre chose.—Etienne Béquet, le dernier, n'aimait que le vin; tout cela se passant gaîment, rondement, sans vergogne et se pratiquant à la mode classique, au nom d'Horace et des anciens, et en crachant force latin;—critiques qu'on amadouait avec un déjeuner et qu'on ne tenait pas même avec des tabatières;—professeurs, et de la vieille boutique universitaire avant tout;— et j'en ai connu de cette sorte qui étaient réellement restés professeurs, faisant la classe: ceux-là, les jours de composition, ils donnaient régulièrement les bonnes places aux élèves dont les parents ou les maîtres de pension les invitaient le plus souvent à dîner. Planche, l'auteur du dictionnaire grec, en était et bien d'autres; race ignoble au fond, des moins estimables, utile peut-être; car enfin, au milieu de toute cette goinfrerie, de cette ivrognerie, de cette crasse, de cette routine, ça desservait tant bien que mal le Temple du Goût; ça vous avait du goût ou du moins du bon sens. Les avez-vous jamais vus à table un jour de Saint-Charlemagne ou de gala chez quelque riche bourgeois qui leur ouvrait sa cave? Ça buvait, ça mangeait, ça s'empiffrait, ça citait au dessert du Sophocle et du Démosthènes, ça pleurait dans son verre: où le sentiment de l'antique va-t-il se nicher?» Au lieu du banquet de Platon ou de Xénophon, célébré sous les portiques de marbre dans un jardin de Scillonte ou d'Athènes, nous avons là une de ces ripailles gauloises où l'on aime à boire sec et à manger salé.

II

CHOIX D'UNE CARRIÈRE.—L'ÉTUDIANT EN MÉDECINE ET LES FILLES.—VISITE À LA COUSINE.—ENTRÉE AU «GLOBE.»

Dans l'éducation que se donnait Sainte-Beuve ou qu'il reçut à Paris, je remarque une particularité fort rare à cette époque, l'alliance intelligente des sciences et des lettres. Un autre se fût contenté d'obtenir, ainsi qu'il le fit, des prix de vers latins et d'histoire au grand concours; lui profita de la liberté qu'on lui laissait à sa pension pour aller tous les soirs à l'Athénée suivre des cours de physiologie, de chimie et d'histoire naturelle, se donnant ainsi un contrepoids qui l'empêchât de tomber dans une admiration excessive pour ce qui est plutôt l'ornement que la nourriture vraie et la substance de l'esprit. On l'y présenta à M. de Tracy, le rigoureux idéologue qui était humilié de *croire* et qui voulait *savoir*. En même temps il voyait beaucoup son compatriote, le grave et sec Daunou, ex-oratorien passé à la philosophie et à la Révolution, chez lequel il a noté les qualités sagaces, avisées, modérées, lucides et circonscrites à la fois du sang boulonnais et qui eut cela de commun avec lui de défendre, avant de mourir, qu'aucun discours fût prononcé sur sa tombe.

Il le connut beaucoup, le pratiqua durant des années et aussi familièrement que le permettait la différence des âges et par moments la dissidence des opinions.

Pour le bien connaître lui-même et se rendre compte de son premier fonds d'idées il faut se représenter ce qu'étaient ces survivants du XVIIIe siècle, si purgés de toute croyance au principe d'autorité, soit en religion soit en politique. La plupart avaient traversé les années terribles en martyrs plutôt qu'en vainqueurs, sans prendre part aux excès, mais sans abdiquer, non plus, leur foi à la liberté et au progrès. Loin d'attribuer, comme on l'a fait depuis, les crimes de la Terreur à la philosophie, ils savaient que les passions, les intérêts et surtout les instincts les plus vils de la perversité humaine y avaient plus contribué que les idées.

Il est bien vrai qu'au sortir des atrocités de ce régime ils s'étaient remis à vivre avec délices. Afin de prendre leur revanche de la grossièreté récente par une sorte d'étourdissement et d'ivresse des sens, ils se plurent à jouir des plaisirs libres et faciles avec d'autant plus d'ardeur qu'ils en avaient longtemps été sevrés. Ce fut un petit carnaval après le carême des sans-culottes. Détente bien excusable au lendemain d'une crise! y eut-il excès d'orgie, trop de bacchanale? On l'a dit. Bonaparte, qui avait ses raisons pour cela, essaya de le faire croire. Non content d'écarter ces hommes du pouvoir, il les a calomniés, flétrissant leurs opinions du nom d'idéologie et leurs moeurs de celui de corruption, lui l'homme pieux et pur que chacun sait.

Leur seul tort fut de laisser cet officier de fortune leur prendre des mains la république et la direction des esprits. En vain protestèrent-ils contre son essai de restauration monarchique et religieuse, il fut le plus fort. La publication du *Génie du Christianisme* l'y aida puissamment. L'ambition d'un Corse et la rhétorique d'un Breton se réunirent pour restaurer un culte auquel, chose étrange, ils ne croyaient ni l'un ni l'autre.

Daunou se vengeait de sa défaite par des épigrammes, pauvre vengeance! Si quelqu'un vantait devant lui la grandeur de Napoléon, il ripostait sèchement: «C'était un homme qui ne savait ni le français ni l'italien.» Pendant tout l'Empire, insensible à la gloire du dehors et retiré au fond d'une bibliothèque, avec ses livres et ses manuscrits, il continue de cultiver la philosophie et les lettres. Le monde proprement dit, celui de l'élégance et des plaisirs, il l'ignore ou mieux il le dédaigne. Le seul tribut qu'il ait payé à la bagatelle fut tout intime, dérobé aux regards. Auprès de lui vivait une gouvernante encore jeune et assez accorte. En tisonnant le soir tous deux au coin du feu, ils finirent par se rapprocher et le vieil érudit s'échauffa, si bien qu'il en naquit un petit Daunou qui ne vécut pas.

Passé ce court moment d'oubli, l'étude régna seule à la maison. Pour simplifier les choses, le savant n'avait qu'un habit, et, quand il était usé, il en achetait un tout fait qui, tant bien que mal, lui allait toujours. Absolument tourné vers le passé, il fermait sa porte aux essais de l'esprit moderne et refusait d'en reconnaître l'originalité; ne jurant que par Boileau et par la Harpe.

Sainte-Beuve fort différent, sur ce point, de son vénérable compatriote, entendait bien goûter les anciens comme personne et rester fidèle à la tradition classique; mais il voulait aussi partager les nobles fièvres de son temps, rester ouvert et des plus sensibles aux merveilles qui pourraient éclore, à l'école de l'étude mêler agréablement celle de la vie, observer la société dans l'infinie variété de ses conditions et de ses caprices, vivre de plain-pied avec ses contemporains et les suivre dans toutes les directions; bref, ne pas se confiner dans les livres, mais concilier la tradition avec la nouveauté.

Un point sur lequel ils s'entendirent sans peine, ce fut la philosophie. Après quelques mois de relations, les croyances et la piété du jeune homme avaient disparu. L'esprit scientifique s'empara de lui comme la lumière qui se lève à l'horizon et remplit bientôt tout l'espace. On ne vit jamais d'émancipation plus complète. Sans s'arrêter au déisme plus ou moins flottant de Voltaire et de Jean-Jacques, il adopta résolument le naturalisme de d'Holbach, de Diderot, de Lamark, quitte à y introduire un peu de chaleur et à en dissimuler l'aridité sous un souffle poétique à la Lucrèce.

On sait que cette doctrine, répudiant la foi qui ordonne de fermer les yeux pour obéir à la raison qui conseille de les ouvrir, réduit l'homme au souci de son espèce et n'admet que l'expérience pour établir la vérité. Au lieu d'imaginer une seconde existence pour compléter celle-ci, elle enseigne que notre vie a en elle-même son sens et son but, et que l'on doit en envisager le terme sinon sans regret du moins sans frayeur.

Étudions-la donc pour en tirer un art de vivre qui soit la vraie morale. Maîtres de notre petit monde, sachons nous en contenter et y passer des jours sans trouble, soustraits le plus possible à la merci de la fatalité et du hasard. Pour cela, que faut-il? Deux choses: s'affranchir des terreurs de l'ignorance et briser l'obstacle qu'opposent à notre bien-être les forces de la nature. Le jour où, grâce à la science et à l'industrie, la terre sera devenue commode et riante au point de ne plus nous laisser le désir d'une autre patrie, ni le besoin de chercher, avec ou sans télescope, par-delà le monde visible un introuvable paradis; le jour où l'on se contentera d'un horizon sagement limité, sans perspective décevante; le jour surtout où l'activité des passions et leur satisfaction dans les bornes prescrites paraîtront légitimes, le but sera définitivement atteint.

Et quand même on n'y parviendrait jamais, l'effort serait encore honorable. La recherche éternelle de la vérité ne vaut-elle pas mieux que la vérité elle-même possédée et dès lors étroite? Ces principes ont cela de bon qu'ils débarrassent l'esprit des effrois de l'enfance et empêchent l'homme de vieillir enchaîné dans les langes de son berceau. Quand ils se sont une fois logés dans un cerveau, il est rare que ce ne soit pas pour toujours.

Tel fut le cas de Sainte-Beuve; il se promit de continuer le XVIIIe siècle en le corrigeant et en lui laissant les témérités anti-sociales et l'impiété. Tout au contraire il traitera avec respect les vieilles croyances et les pertes que fait à chaque pas l'imagination des âges. Mais son plus grand souci sera de ne pas froisser la vérité en l'enfermant dans des formules, et de laisser à ceux qui viendront après lui la faculté de la découvrir à leur tour en profitant de ses travaux.

Assez philosophe pour ne pas craindre par moments de paraître croyant, mais n'arborant et n'affichant aucune enseigne, si ce n'est parfois celle de l'indifférence, il comprend que le monde au milieu duquel il vit n'est pas assez sûr de sa foi pour en laisser discuter l'objet. Aussi a-t-il le soin de ne combattre que de biais la religion et la philosophie régnantes. Pas d'affirmation hostile ni de guerre déclarée: à peine si la main s'entrouvre de temps à autre pour un fragment de vérité; çà et là pourtant dans ses livres «de petites phrases qui semblent tomber presque involontairement de la plume, et qui sont aussi profondes que les meilleurs mots épars dans les ouvrages légers de Voltaire[3]». Enfin arrive le jour où dans une assemblée servile, que dominent des cardinaux jouant au soldat et des maréchaux qui parlent en sacristains, on veut porter atteinte aux résultats d'idées qui sont les conquêtes héritées du siècle précédent, aussitôt l'écrivain jusque-là prudent éclate et réclame les droits imprescriptibles de l'esprit. Le fonds primitif a reparu: dans le sénateur de 1868 revit tout entier l'élève de Daunou.

Ses études terminées, Sainte-Beuve dut choisir un état, se décider pour telle ou telle carrière. Avec le système d'enseignement que l'on pratiquait alors et qui n'est pas encore abandonné complétement, ce choix ne laisse pas que d'avoir ses ennuis. On vous élève au collège comme pour un monde imaginaire. On vous y enseigne à n'admirer rien tant qu'Homère, que Sophocle, que Virgile ou Horace, à faire, à leur exemple, des vers que vos professeurs vantent plus que de raison. Pour peu que le génie de l'enfant s'y prête, il sort de là dans un parfait désaccord avec la société où il doit vivre, avec les voeux de ses parents. Ceux-ci ont leurs projets d'avenir tournés au positif, au solide, tandis que lui ne voit de gloire et d'honneur qu'au jeu de poésie et n'aspire qu'à s'illustrer par quelque belle tragédie, par quelque roman d'aventure où revivront les charmantes ondines qu'il a entrevues dans ses rêves. Par malheur ou par bonheur, le logis se charge de corriger les errements de la classe. Mme Sainte-Beuve qui, dans cette importante conjoncture, avait bien le droit de donner son avis, fut sans pitié pour les visées poétiques de son fils, qu'elle traitait d'*humeurs véreuses*; elle coupa court aux incertitudes et aux projets flottants, et le décida à étudier la médecine, vers laquelle son goût d'ailleurs le portait. Elle-même vint s'établir à Paris, afin de lui épargner les soucis de la vie matérielle, peut-être aussi pour surveiller de plus près sa nature inflammable et le garantir de trop grands écarts. Le moment approche où les sens du jeune homme et sa soif d'aimer réclameront leur pâture.

Si les femmes savaient quel trésor de passion renferme un coeur de vingt ans pour la première qu'il aimera! de quel dévouement, de quelle idolâtrie il veut récompenser un retour de tendresse! Exalté pour elles, mais en toute pureté et délicatesse, il porte dans ses désirs plus d'ardeur que d'exigence. À ses yeux la femme est un être divin, dont un sourire ouvre le ciel; c'est le paradis avec ses joies mystérieuses, la vie avec tous ses enchantements. Pour la moindre faveur il est prêt aux plus grands sacrifices. Dites un mot, il vole au-devant du danger. Un signe de votre paupière suffit pour l'entraîner à vos pieds. Que demande-t-il? Presque rien; effleurer vos cheveux de ses lèvres, presser un instant votre main; peut-être quelques lignes de vous griffonnées sur un chiffon de papier, qu'il cachera jalousement dans son sein après les avoir à demi effacées de ses baisers.

Hélas! à cette fleur d'innocence, à cette pure flamme qui s'offre à elles, les femmes préfèrent quelque fat, quelque Don Juan blasé. Leur sot dédain pousse le blond adolescent dans les bras d'une grisette, d'une femme de chambre, heureux quand ce n'est pas sur un fumier que va fleurir la rose aux suaves parfums.

Demeurant avec sa mère et trop bien élevé pour se livrer sous ses yeux à des amours ancillaires, Sainte-Beuve était, fort entrepris. Ecoutons-le nous raconter ses pudeurs et frémissements, lorsqu'il ressent pour la première fois l'aiguillon.

«Je n'avais aucune occasion de voir des personnes du sexe qui fussent de mon âge ou desquelles mon âge pût être touché. J'eusse d'ailleurs été très sauvage à la rencontre, précisément à cause de mon naissant désir. La moindre allusion à ces sortes de matières dans le discours était pour moi un supplice et comme un trait personnel qui me déconcertait: je me troublais alors et devenais de mille couleurs.»

Cette sauvagerie ne tiendra pas longtemps: l'éphèbe pudibond, à défaut de cousine ou de femme un peu mûre qui le déniaise, va bientôt rencontrer sur le trottoir des objets qui le préoccuperont singulièrement. Pour bien comprendre ce qui va suivre, il faut se rappeler que le vice, à cette époque, s'étalait en pleine licence dans le quartier voisin du Palais-Royal. Les rues y étaient sillonnées, dès l'entrée de la nuit, de filles de maison en quête d'aventure, étalant sans vergogne au coin des rues leurs appas luxuriants.

«Les plus étroits défilés, les plus populeux carrefours et les plus jonchés de pièges m'appelaient de préférence; je les découvrais avec certitude. Un instinct funeste m'y dirigeait. C'étaient des circuits étranges, inexplicables, un labyrinthe tournoyant comme celui des damnés luxurieux.

«Je repassais plusieurs fois, tout haletant, aux mêmes angles. Il semblait que je reconnusse d'avance les fosses les plus profondes, de peur de n'y pas tomber; ou encore, je revenais effleurer le péril de l'air effaré dont on le fuit. Mille propos de miel ou de bouc m'accueillaient au passage; mille mortelles images m'atteignaient. Je les emportais dans ma chair palpitante, courant, rebroussant comme un cerf aux bois, le front en eau, les pieds brisés, les lèvres arides.»

Quand on s'expose ainsi au danger, tôt ou tard on y succombe. De semblables promenades ne sont pas faites pour réconforter la vertu. L'imprudent ne tardera pas à rouler sur la pente des sentiers obliques, à prendre goût à ce qui d'abord effarouche; il se laissera arrêter par quelqu'une de ces prêtresses de Vénus qui, selon le dicton populaire, font sortir le loup du bois.

«A la fin, de guerre lasse, je tombai sans choix aucun, sans attrait, absurdement, à une place quelconque, et uniquement parce que je m'étais juré de tomber ce jour-là.»

Il n'y a que le premier pas qui coûte. Petit à petit on se familiarise avec ces enjôleuses et l'on revient sans tant de terreur aux mêmes lieux.

«J'appris d'abord, dans mes courses lascives, à discerner, à poursuivre, à redouter et à désirer le genre de beauté que j'appellerai funeste, celle qui est toujours un piège mortel, jamais un angélique symbole; celle qui ne se peint ni dans l'expression idéale du visage, ni dans le miroir des yeux, ni dans les délicatesses du sourire, ni dans le voile nuancé des paupières. Le visage humain n'est rien, presque rien dans cette beauté; l'oeil et la voix qui, se mariant avec douceur, sont si voisins de l'âme, ne font point partie ici de ce qu'on désire: c'est une beauté réelle, mais accablante et toute de chair, qui semble remonter en droite ligne aux filles des premières races déchues, qui ne se juge jamais en face et en conversant de vive voix, ainsi qu'il convient à l'homme, mais de loin plutôt, sur le hasard de la nuque et des reins, comme ferait le coup d'oeil du chasseur pour les bêtes sauvages; oh! j'ai compris cette beauté-là.»

S'il est des erreurs agréables et des fautes qui, bien confessées, deviennent à l'instant contagieuses pour l'imagination humaine, il faut avouer que ce n'est pas ici le cas. Voilà bien des phrases et de l'emphase pour dépeindre, non sans longueur, ce que Chamfort définissait plus lestement: l'échange de deux fantaisies et le contact de deux épidermes. Je dirai plus: le caractère français, à partir de Jean-Jacques et de Saint-Preux, me semble avoir perdu quelque chose de l'aisance, du naturel et de la facilité de moeurs, dont Gil Blas et des Grieux sont les types les plus vrais, pour prendre un air de dignité et de vertu qui paraît trop roide, comme tout ce qui est neuf. Cela tient aux immortels principes. L'espèce a passé par la Révolution et en reste marquée. Il n'y a pas d'individu, si dégagé soit-il, qui ne garde un peu de l'empois du citoyen.

Notre jouvenceau, tout en jetant sa gourme, a, suivant l'usage, une divinité à laquelle il songe au milieu de son libertinage et dont l'influence, momentanément éclipsée par la débauche, doit le retirer de cette fange.

«J'appris que l'amour vrai n'est pas du tout dans le sens: car si l'on aime vraiment une femme pure et qu'on en désire à la rencontre une impure, on croit soudain aimer celle-ci; elle obscurcit l'autre; on va, on suit, on s'y épuise; mais, à l'instant, ce qu'inspirait cette femme impure a disparu comme une fumée, et, dans l'extinction des sens, l'image de la première recommence à se montrer plus enviable, plus belle et luisant en nous sur notre honte...

«Oh! du moins, dans mon vaste égarement, je n'eus jamais d'attache expresse et distincte; entre tant de fantômes entassés, aucun en particulier ne me revient. Ténèbres des anciens soirs, ressaisissez vos objets épars; faites les tous rentrer, s'il se peut, en un même nuage!»

Allons, tant mieux! si la chasteté a subi quelques atteintes, le coeur du moins est resté sain. On ne pourra pas lui appliquer ce qu'il disait plus tard lui-même de ceux qui avaient suivi son exemple: «Il y en a qui, pour avoir trop fait, chaque matin et chaque soir, le tour extérieur du Palais-Royal, dans les infections et les boues, ne savent plus jouir d'une heure de soleil dans la belle allée.» Le piquant de l'affaire, c'est que la scabreuse confession fait partie d'un livre dont l'abbé Lacordaire a composé un important chapitre. Je comprends pourtant les scrupules d'un fin critique, ami de Sainte-Beuve, Ch. Magnin, qui lui écrivait quand tout cela parut imprimé: «C'est une étude bien hardie sur la nature humaine. Ce que vous avez peint n'est pas l'état normal; c'est une exception rare.» Pas si rare cependant; beaucoup d'autres ont passé par là qui n'en soufflent mot, et n'ont jamais exhalé leurs remords que dans l'antichambre de Ricord ou de Cullerier. Car les coquines vous laissent trop souvent un *souvenez-vous de moi* qui gêne dans les entournures.

Sans plus nous attarder à la peinture de ces vulgaires escapades de l'étudiant, suivons-le dans la visite qu'il fit quelques années après à sa cousine, fille d'un professeur de médecine à Strasbourg. Il l'avait connue enfant à Boulogne, où elle était venue avec sa mère passer quelque temps chez ses grands parents,

> Blonde et rose, et causeuse, et pleine de raison;
> Chez sa grand'mère aveugle, autour de la maison
> Nous aimions à courir sur la verte pelouse;
> Elle avait bien quatre ans, moi j'en avais bien douze.
> Alors mille douceurs charmaient nos entretiens;
> Ses blonds cheveux alors voltigeaient dans les miens,
> Et les nombreux baisers de sa bouche naïve
> M'allumaient à la joue une flamme plus vive.
> Elle disait souvent que j'étais son mari,
> Et mon coeur s'en troublait, bien que j'eusse souri.

L'impression qu'elle lui a laissée au coeur est si vive encore dix ans après que, revenant d'une excursion en Allemagne, il s'arrête tout exprès à Strasbourg pour la revoir. Le long du chemin, de son hôtel à la maison qu'elle habite, il ne cesse de se demander si, maintenant qu'elle est grande fille, elle aura conservé pour lui les mêmes sentiments et si lui-même, dans le désoeuvrement de son âme, ne va pas se mettre à l'aimer pour de bon. Mais l'entrevue ne répondit pas tout à fait à son attente:

> Et sans savoir comment, tout rêvant de la sorte,
> Je me trouvais déjà dans la rue, à ta porte;
> —Et je monte. Ta mère en entrant me reçoit;
> Je me nomme; on s'embrasse avec pleurs, on s'asseoit;
> Et de ton père alors, de tes frères que j'aime
> Nous parlons; mais de toi je n'osais, quand toi-même
> Brusquement tu parus, ne me sachant pas là,
> Et mon air étranger un moment te troubla.
> Je te vis; c'étaient bien tes cheveux, ton visage,
> Ta candeur; je m'étais seulement trompé d'âge;

> Je t'avais cru quinze ans, tu ne les avais pas;
> L'enfance au front de lin guidait encor tes pas;
> Tu courais non voilée et le coeur sans mystère.
> Tu ne sus à mon nom que rougir et te taire,
> Confuse, un peu sauvage et prête à te cacher;
> Et quand j'eus obtenu qu'on te fît approcher,
> Que j'eus saisi ta main et que je l'eus serrée,
> Tu me remercias, et te crus honorée.

L'ancienne familiarité qu'il eût voulu sans doute convertir en un sentiment plus vif ne se retrouve donc pas; la demoiselle est encore trop jeune. On saisit néanmoins l'intention de renouer avec elle, en vue d'une union possible, et Sainte-Beuve s'était promis de revenir. Il en fut empêché par une passion violente qui le retint à Paris et que nous aurons bientôt à raconter. D'un autre côté, sa cousine mourut peu après.

Faute de renseignements précis, je ne puis rien dire d'un autre projet de mariage, qui fut, ce me semble, poussé assez avant, si l'on en juge par ce passage de la *Vie de Joseph Delorme*:

«Que faire? à quoi me résoudre? faut-il donc la laisser épouser à un autre?— En vérité, je crois qu'elle me préfère. Comme elle rougissait à chaque instant, et me regardait avec une langueur de vierge amoureuse, quand sa mère me parlait de l'épouseur qui s'était présenté, et tâchait de me faire expliquer moi-même? Comme son regard semblait dire:—Ô vous que j'attendais, me laisserez-vous donc ravir à vos yeux, lorsqu'un mot de votre bouche peut m'obtenir?»

De tous ces aveux il résulte qu'avant de se résigner au célibat, Sainte-Beuve a eu bien des velléités de *matrimonium*; mais cela n'a jamais abouti.

Plusieurs raisons s'opposèrent à ce qu'il achevât sa médecine et se fît recevoir docteur. Il en fut un peu comme du grec; l'étude de cette science ne lui donna pas tout ce qu'il s'en était promis. Esprit exact et précis, il alla vite au fond des doctrines de l'école, en fit le tour, en constata l'incomplet et les lacunes et, dans son aspiration vers une vérité moins hypothétique, il s'en dégoûta. D'ailleurs pour représenter et faire figure en attendant la clientèle, il faut des dépenses considérables, l'établissement d'un médecin coûte en premiers frais; sa mère eût été obligée de se gêner, de contracter une dette peut-être, et Sainte-Beuve ne voulait pas charger sa vie d'une telle obligation sans être sûr d'y satisfaire; en tout l'*alea* lui faisait peur. Enfin, les circonstances devenaient contraires à quelqu'un qui, sans faire montre de l'indépendance de ses idées, avait cependant horreur de l'hypocrisie. On était en pleine réaction cléricale, la congrégation triomphait sur toute la ligne et déclarait la guerre à quiconque lui refusait des gages et ne consentait pas à faire profession publique de dévotion et de monarchisme. Son influence gagnait jusqu'aux écoles: le professeur Alibert, médecin du roi Louis XVIII, recevait le dimanche à déjeuner des gens du monde spirituels, et apprenait de leur bouche les anecdotes et propos du jour, qu'il allait, au sortir de là, raconter à son royal malade. «Sa visite du dimanche ne l'embarrassait jamais; il n'était à court que dans la semaine. Mais la congrégation triomphe; elle est au pinacle: la scène change aussitôt, et d'un déjeuner à l'autre,—un vrai changement à vue. Au lieu de convives tout profanes, de personnes un peu vives et même légères, d'actrices peut-être, on eut des abbés, des avocats généraux bien pensants, des vaudevillistes devenus censeurs, et plus le plus petit mot pour rire. M. de Montmorency meurt vers ce temps-là; il était de l'administration des hospices; on célébrait pour lui un service dans chaque hôpital:—Ne manquez pas d'y aller, disait le même médecin aux élèves à qui il portait intérêt, cela fera bien.»

Sur ces entrefaites, un des professeurs destitués par le parti-prêtre, M. Dubois, ayant fondé, de concert avec l'ouvrier typographe P. Leroux, le journal littéraire *le Globe*, y appela Sainte-Beuve, qu'il avait eu pour élève à Charlemagne. La lecture de ce journal, faite aujourd'hui, donne une excellente idée des écrivains qui le rédigeaient. Que d'articles substantiels et vifs, sans rien du pathos exigé depuis par les Revues, où la pensée est soufflée et délayée en vue d'une abondance de copie, où l'on tire tant qu'on peut sur la couenne pour obtenir le nombre de pages demandé! Tous les sujets y sont traités brièvement et avec compétence. Dédaigneux de la littérature de l'empire, correcte et claire, mais sans couleur ni relief, les rédacteurs ont compris qu'il fallut croiser les races, pour l'esprit comme pour le reste; sans quoi, l'on croupit sur place, et par trop de peur de s'abâtardir, on n'engendre plus. Aussi passent-ils la frontière sur tous les points et vont-ils emprunter à l'Angleterre, à l'Allemagne, à l'Espagne et à l'Italie de nouvelles sources d'inspiration. Le mouvement libéral, imprimé aux esprits par les trois chaires de Guizot, Cousin et Villemain, y trouve aussi son écho, et la question religieuse elle-même y est abordée hardiment; c'est là que Th. Jouffroy publia son fameux article: *Comment les dogmes finissent*. Phénomène unique depuis la Révolution et qui ne s'est pas renouvelé: cette feuille, quoique purement littéraire, eut du succès. La politique n'y fut introduite que vers la fin, lorsque de Broglie et Guizot, l'ayant achetée, en firent un des plus puissants leviers mis en branle pour jeter à bas les Bourbons de la branché aînée.

Quelle fut dans ce journal la part de Sainte-Beuve? Elle fut double et des plus actives; ses remontes d'idées se firent sans passer la frontière. S'il la franchit un instant, ce fut pour s'en revenir au plus vite, après avoir pris du pays un aperçu tel quel. Son gibier était à l'intérieur: tandis que les livres nouveaux, dont il rendait compte, ceux de Thiers et de Mignet, par exemple, lui fournissaient l'occasion d'inaugurer le rôle de héraut d'armes, de porte-voix des renommées naissantes, qu'il exercera avec tant de zèle et d'autorité pendant quarante ans, il entamait, d'un autre côté, l'histoire littéraire de notre pays, qu'il ne devait composer que sous forme fragmentaire, en taillant artistement chaque pierre, mais sans jamais réunir les matériaux dans un monument définitif. Son coup d'essai en ce sens, le *Tableau de la poésie française au XVIe siècle*, est déjà d'un maître. Il y prouve victorieusement que Ronsard n'est pas du tout le mauvais et ridicule poëte que prétendaient les classiques, et surtout que ce XVIe siècle, traité jusque-là de barbare, fut très-fécond, puissant, savant, et déjà délicat par portions. La plupart des qualités qui distingueront son oeuvre s'y montrent en germe: sûreté et fermeté de jugement, finesse de goût, heureuse curiosité d'expression, hardiesse de vues tempérée par un bon sens supérieur. L'âge de l'auteur ne s'y décèle que sur un point, je veux dire l'empressement à étaler une érudition de fraîche date; il y a trop de noms cités, pas assez de choix. Un autre reproche lui fut adressé par les érudits, les savants en *us*; c'était de risquer, sur les origines du théâtre français, des théories incomplètes ou même inexactes. Il a depuis soigneusement réparé cette erreur; mais la chicane lui laissa de l'aigreur contre la gent pédante, en qui le savoir étouffe trop souvent le goût. Il comparait plaisamment ces déchiffreurs de vieux textes aux animaux dont on utilise l'instinct à déterrer les truffes. Dès qu'ils en ont trouvé une, disait-il, il faut courir bien vite et leur donner du bâton sur le nez; sinon, ils l'avalent, et elle est perdue pour les fins gourmets[4]. Lui, au contraire, était un de ces habiles cuisiniers qui relèvent, par la délicatesse de leur art, les inventions et les idées d'autrui. À ce point de vue, son ouvrage est une merveille d'exécution, une élégante coupe toute pleine de vins fortifiants, tirés des meilleurs crus. En y repensant plus de vingt ans après, il n'en était pas trop mécontent: «Ce livre-là est mon premier-né et le fruit de mes amours d'étudiant: il s'en ressent à bien des égards, et pourtant je l'aime à cause même de ses espiègleries et de ses jeunes licences.» Le succès fut tel que, sans prendre la peine d'aller chercher sa trousse à l'amphithéâtre, il abandonna décidément la médecine et n'en garda que l'amour de la recherche et de l'analyse, le sens précis et pratique des sciences naturelles.

III

VICTOR HUGO.—LE LIVRE D'AMOUR.

Ingrat par beaucoup de côtés, le métier de critique a du moins l'avantage, quand on l'exerce avec conscience et talent, de vous mettre en relation, souvent même en rapport d'amitié avec les écrivains célèbres. C'est ainsi qu'un article sur les *Odes et Ballades*, inséré dans le *Globe* du 2 janvier 1827, valut à Sainte-Beuve de connaître Victor Hugo et de vivre avec lui durant plusieurs années dans l'intimité la plus étroite. Peu sympathique jusque-là au royalisme avoué et aux sentiments catholiques du poète, il devint son plus fervent admirateur, et de la rive du *Globe* sa barque dériva insensiblement vers l'île enchantée de la poésie. Deux volumes de vers et le roman de *Volupté*, qu'il publia coup sur coup, sont empreints, surtout les deux derniers, d'une teinte de religiosité qui tranche complètement sur ses opinions antérieures et sur celles qu'il a professées depuis. À l'exemple de Parny, qui a rimé en jolis couplets les agréments du culte, Sainte-Beuve avait composé sur les douceurs que lui valut sa foi nouvelle un volume de poésies qu'il fit imprimer en 1843 et qu'il fut parfois tenté de produire en public, ainsi que l'indique sa préface des *Pensées d'août*.

«Je me trouve avoir en ce moment, et sans trop y avoir visé, deux recueils entièrement finis. Celui qu'aujourd'hui je donne, le seul des deux qui doive être de longtemps, de fort longtemps publié, n'est pas, s'il convient de le dire, celui même sur lequel mes prédilections secrètes se sont le plus arrêtées. Il n'exprime pas, en un mot, la partie que j'oserai appeler la plus directe et la plus sentante de mon âme en ces années. Mais on ne peut toujours se distribuer soi-même au public dans sa chair et dans son sang.»

L'occasion de lancer ce second recueil, plus intime et plus saignant, ne s'est pas sans doute présentée, puisqu'il était encore inédit à la mort de l'écrivain. On disait même que l'édition entière, confiée sous le plus grand secret à un ami de Suisse, avait fini par s'égarer et se perdre. Heureusement rien ne se perd en ce monde, et plusieurs exemplaires du *Livre d'amour* courent depuis quelque temps sous le manteau. Tout récemment, il en a paru quelques-uns dans les ventes ou à l'étalage des libraires, au prix de cent et même de cent cinquante francs. Un fin bibliophile, M. Jules Le Petit, qui est des mieux placés pour saisir au passage les volumes rares et curieux, a bien voulu m'en communiquer un. Je suis ainsi en mesure d'expliquer les motifs qui décidèrent le penseur incroyant à endosser pendant quelques années la livrée du catholicisme. Il me sera facile de prouver en même temps que cette prétendue conversion ne fut qu'un moyen d'ajouter une corde à sa lyre et d'obtenir la clef du boudoir de l'objet aimé, coup double assez heureux pour qu'on lui pardonne la condescendance imposée par une beauté tendrement superstitieuse à laquelle il fait allusion en ces termes:

«Je n'ai jamais aliéné ma volonté et mon jugement, hormis un instant, dans le monde de Hugo, et par l'effet d'un charme, le plus puissant et le plus doux, celui qui enchaînait Renaud dans le jardin d'Armide.»

Quel est le nom vrai de cette dame ainsi poétiquement désignée? Eh! mon Dieu, je vous le dirais volontiers si je pouvais compter sur votre discrétion, mais vous ne me garderiez pas le secret. Pourtant, y tenez-vous?—Non, non, non! répond d'une voix unanime le choeur des femmes mariées, en cela d'accord avec l'adage rustique: Bon b… qui le fait, Jean f… qui le dit. Faites donc taire le poète indiscret qui s'en va, comme un coq, chanter son triomphe sur les toits.

C'était déjà l'avis de M. Tartuffe, parlant à Elmire de ces gens

Dont la langue indiscrète, en qui l'on se confie,
Déshonore l'autel où leur coeur sacrifie.
—Mais les gens comme nous brûlent d'un feu discret
Avec qui pour toujours on est sûr du secret.

Point de scandale donc; on peut tout conter sans nommer personne et donner à l'histoire un air de mystère que notre imagination aime à voir même à la réalité.

Cette concession faite aux convenances, la biographie rentre dans ses franchises. Tant que les personnes étaient vivantes, elle n'a eu garde de divulguer leurs passions, les mystères du coeur, les actes opposés aux devoirs d'une épouse fidèle; mais, à cette heure, elle n'est plus tenue aux mêmes égards: il doit lui être permis de ne pas accepter les gens dans le rôle qu'ils se sont eux-mêmes taillés à leur guise, de les voir autre part que sur la scène et de regarder derrière les coulisses. À la distance d'un demi-siècle, il n'est pas défendu d'indiquer discrètement la tendre faiblesse, et, puisqu'il s'agit d'une femme, de découvrir le sein au défaut de la cuirasse. Si la vie y perd un peu de ses illusions et la littérature de sa rhétorique, la science morale du moins y gagnera.

Il n'est jamais déshonorant pour une femme d'avoir été aimée et chantée par un vrai poète, même quand elle semble ensuite en être maudite. La plus prude serait intérieurement flattée que son nom aille rejoindre celui des Éléonore, des Elvire, et, s'il ne tenait qu'à elle, on publierait sans plus tarder les vers qui sont pleins de son image. Le temps en s'enfuyant permet d'ailleurs bien des révélations; les deux intéressés ayant depuis des années disparu de ce monde, il n'y a pas à craindre que leur cendre refroidie se ranime pour réclamer contre les confidences que l'amant avait préparées pour le temps où il ne serait plus. Profitons du détour qu'il a imaginé pour nous apprendre bien des choses qu'il n'était pas fâché que l'on connût, sans avoir à les dire en face. Profitons-en, mais n'en abusons pas; il est des confidences dont on ne doit faire qu'un usage restreint.

Son *Livre d'amour* débute par une pièce bien étrange, intitulée *l'Enfance d'Adèle*, où se déroulent, complaisamment énumérés par l'ami, les rares accidents qui ont varié l'uniformité de cette existence de jeune fille. Née à Paris, dans une vaste maison dont la tristesse n'est égayée que par un jardin de peu de verdure, l'enfant a grandi, rêveuse, nonchalante, les pas traînants et l'allure ionienne. À son type hardi, on dirait une Maltaise. Sous les flots noirs d'une chevelure qui inonde son col bruni étincellent des yeux ardents, chargés de vagues désirs, qu'ombrage un fier sourcil. Sur ses dents d'ivoire, brillent des lèvres pourprées dont la cerise ne demande qu'à être cueillie. Lente et gauche aux travaux d'aiguille, elle n'aime pas non plus à se mêler aux jeux bruyants de son frère, et s'obstine à demeurer oisive et silencieuse dans sa chambre.

> D'enfance, mon Adèle,—elle n'en a pas eu;
> Elle n'a point connu la gaité matinale,
> Mêlé sa jeune voix aux chants que l'aube exhale,
> Pillé la haie en fleur et le premier fruit mûr,
> Ou bondi, blanc chevreau qu'enivre un lait trop pur.
> Ce temps-là fut pour elle un long vide, une attente.
> Nul prélude en son être avant l'heure éclatante;
> Rien n'y devait briller qu'à la haute clarté,
> Et la grâce elle-même attendit la beauté.

Dans le chaos de ses premiers souvenirs se détache celui d'un voyage en Italie. Elle y vit étalés aux poteaux du chemin les têtes et les bras des brigands dont les Français avaient purgé le pays:

> Ses yeux prirent dès lors un air d'étonnement;
> Son visage romain rêva plus gravement;
> Et quand on atteignit Naples la fortunée,
> Où son père attendait notre Adèle étonnée,
> Dès qu'on fut de voiture au logis descendu,
> Elle, distraite encor, le regard suspendu,
> Déjà dorée au front et l'épaule brunie,
> Par instinct tout d'abord de naïve harmonie
> Et pour songer à l'aise en ces lieux étrangers,
> Alla droit au jardin sous un bois d'orangers.

Pour peu qu'ils soient prudents et avisés, les parents devinent vite ce qu'il faut à ces biches farouches. Aussi dès que la main d'Adèle fût demandée par un fils de famille, s'empressa-t-on de la lui accorder, quoiqu'il fût plus riche en talents et en espérances qu'en biens de fortune. L'union était des mieux assortie et fut longtemps des plus heureuse. Associée et soumise à un époux vigoureux, la jeune fille devint une femme charmante, mère de deux beaux enfants; il semblait que ce bonheur ne dût jamais prendre fin.

Il n'est pas de demoiselle bien née, au moment où elle se marie, qui ne songe à rendre son époux heureux. C'est du fond du coeur et sans arrière-pensée, qu'elle lui jure, en acceptant son joug, fidélité et obéissance. Pourquoi de si belles résolutions ne tiennent-elles pas jusqu'au bout? Comment ces anges de vertu en viennent-ils à tacher la blancheur de leurs ailes? Devons-nous en chercher la raison dans le vilain propos d'un poète: *Toute femme a le coeur libertin?* Non certes. Le plus souvent, il faut bien le reconnaître, si la paix du foyer conjugal est troublée, si le calme fait place aux orages, c'est la faute du mari.

Que la morale du monde est indulgente au sexe laid! Pourvu qu'un homme marié garde certain décorum et sauve, comme on dit, les apparences, il lui est permis, bien plus, on lui fait honneur de courir les aventures, de ne pas se refuser le surcroît d'appétit que procurent le changement et la variété, d'entretenir double ou même triple ménage et de laisser sa moitié vaquer à loisir aux soins de la maternité. L'attachement d'une femme est rarement un obstacle à ce qu'on ait des maîtresses; on a pris l'une en vue des enfants, on recherche les autres pour se donner de l'agrément. Pourquoi aussi le devoir s'arrange-t-il trop souvent de façon à être ennuyeux? C'est là ce qui pousse tant de maris à courir après les consolations extra-légales.

Imprudent qui descendez à plaisir des hauteurs où vous avait placé l'amour d'une vierge pour vous révéler à elle le héros de vulgaires aventures, pourquoi montrer ainsi le chemin de l'infidélité à celle que vous avez pour gardienne de votre honneur et de votre nom? Prenez garde; vous vous repentirez un jour de l'avoir négligée et humiliée par des préférences indignes, de l'avoir poussée à bout. Et quand vous songerez à prendre peur de ce que vous avez si bien mérité, peut-être sera-t-il trop tard.

Sans doute l'épouse délaissée se refuse d'abord à imiter des faiblesses qui l'outragent; elle essaie de ramener l'infidèle par une conduite toute différente de la sienne, mais gare si elle échoue. Il est des épreuves que leur longueur rend fatigantes et dont la sagesse et la raison s'ennuient à la fin.

Telle qu'on l'a vue, Adèle ne devait pas donner beaucoup d'espérance à qui l'aurait aimée qu'elle souffrirait aisément de l'être quand le mariage l'aurait mise dans une condition plus libre. Pendant les six premières années, tout entière au devoir conjugal, elle ne paraît pas avoir cherché ni rencontré d'autre attachement. Lorsque Sainte-Beuve lui fut présenté, c'est à peine si elle daigna faire attention à lui. Nous avons le tableau de cette première entrevue; il est piquant, surtout quand on le rapproche de ce qui a suivi:

> En entrant, je la vis, ma future maîtresse,
> À côté du génie un peu reine et déesse,
> En sarrau du matin, éclatante sans art,
> M'embarrassant d'abord de son fixe regard.
> Et moi qui d'elle à lui détournais la paupière,
> Moi, pudique et troublé, le front dans la lumière,
> J'étais tout au poète; et son vaste discours
> A peine commencé, se déroulant toujours,
> Parmi les jets brillants et l'écume sonore,
> Comme un torrent sacré que le pasteur adore,
> Faisait flotter sans cesse et saillir à mes yeux
> Dans chaque onde nouvelle une lyre des dieux;
> Et mon choix fut rapide, et j'eus ma destinée!
> Debout la jeune épouse écoutait enchaînée;
> Et je me demandais quel merveilleux accord
> Liait ces flots grondants à ce palmier du bord.
> Puis elle se lassa bientôt d'être attentive;
> Sa pensée oublieuse échappa sur la rive;
> Ses mains, en apparence, au ménage avaient soin;
> Mais quelque char ailé promenait l'âme au loin,
> Et je la saluai trois fois à ma sortie;
> Elle n'entendait rien, s'il ne l'eût avertie.

De son côté, quoiqu'il n'eût plus sa simplicité de novice et qu'il fût en quête d'une belle passion, afin de franchir agréablement les détroits orageux de la jeunesse, il ne paraît pas avoir été dans les premiers temps bien vivement impressionné:

> Je cherche autour de moi comme un homme averti,
> Demandant à mon coeur: «N'ai-je donc rien senti?»
> Et comme, l'autre soir, quittant la causerie
> D'une femme pudique et saintement chérie,
> Heureux de son sourire et de ses doigts baisés,
> Je revenais, la lèvre et le front embrasés;
> Comme, en mille détours, la flatteuse insomnie
> Faisait luire à mes yeux son image bénie,
> Et qu'à travers un bois, volant pour la saisir,
> Mon âme se prenait aux ronces du désir,
> Un moment j'espérais que, fondant sur sa proie,
> Amour me déchirait, et j'en eus grande joie.
> Mais tout s'évanouit bientôt dans le sommeil,
> Et je ne sentais plus de blessure au réveil.

Il n'y a donc pas eu, vous le voyez, de *coup de foudre*. Ce fut par l'accoutumance, en avançant tous les jours dans une familiarité de plus en plus intime qu'ils prirent peu à peu l'un pour l'autre un de ces amours furieux, dévorants, qui vous mettent au coeur une blessure pour le restant de vos jours. «En France, a-t-on dit, les grandes passions sont aussi rares que les grands hommes.» Puisque je rencontre ici les deux ensemble, on me permettra de m'y arrêter un instant.

Et tout d'abord disons quelques mots du physique. On a vu plus haut le portrait de Mme Adèle X…; celui de Sainte-Beuve mérite d'être dessiné à son tour. Il était de taille moyenne, plutôt petit que grand, n'ayant pas de quoi se vanter mais non plus de quoi se plaindre, car, suivant une remarque assez juste, passé un certain niveau, il est rare que la qualité de l'esprit soit dans toute sa vivacité. Ne l'ayant connu que beaucoup plus tard, je ne puis dire quels agréments distinguaient alors sa personne. Un étranger qui le visita vers ce temps, M. Just Ollivier, nous en fait deviner quelques-uns:

«J'arrive au n° 19 de la rue Notre-Dame-des-Champs; je demande M. Sainte-Beuve. Une vieille dame, sa mère, apparaît à une fenêtre, et, après quelques légères difficultés, elle crie: «Sainte-Beuve, es-tu là?» Je vois une figure derrière une petite croisée; on m'indique l'escalier, je heurte. Un jeune homme m'ouvre, c'était Sainte-Beuve.—M. Sainte-Beuve n'achève pas toujours ses phrases; je ne dirai pas qu'il les bredouille; mais il les jette, et il a l'air d'en être dégoûté et de n'y plus tenir déjà avant qu'elles soient achevées. Cela donne à sa conversation un caractère sautillant,—depuis, le sautillant devint scintillant et plus soutenu.—Sa voix est assez forte; il appuie sur certaines syllabes, sur certains mots. Quant à son extérieur, j'ajoute que sa taille est moyenne et sa figure peu régulière. Sa tête pâle, ronde, est presque trop grosse pour son corps. Le nez grand, mais mal fait; les yeux bleus, lucides et d'une grandeur variable, semblent s'ouvrir quelquefois davantage. Ses cheveux rouge-blonds, très-abondants, sont à la fois raides et fins. En somme, M. Sainte-Beuve n'est pas beau, pas même bien; toutefois sa figure n'a rien de désagréable et finit même par plaire. Il était mis simplement, cependant bien. Redingote verte,—c'était alors la mode,—gilet de soie, pantalon d'été. Sa chambre m'a frappé; il était derrière un paravent, dans un petit enclos qui renfermait deux tables chargées de livres, de journaux et de papiers. Son lit était à côté.»

Le croquis serait incomplet, et par là même disgracieux, si l'on n'y ajoutait aussitôt ce qui relevait admirablement cette physionomie, une nature morale des plus nobles, ayant en soi un idéal, un type élevé d'honnête homme qui peut céder aux orages des sens, mais qui ne s'y laissera point submerger. Ce n'est certes pas un de ces amoureux platoniques dont la flamme dort sous la cendre et qu'une mère de famille garde impunément près d'elle pendant une éternité. En revanche, il apporte dans le commerce de la vie un charme contenu et à demi voilé, l'insinuant et l'art de relever à ses yeux la femme qui glisse, de lui voiler sa faute, de lui ennoblir sa faiblesse. Il est à cet âge où l'excès des espérances confuses, des passions troublantes se dissimule mal sous un stoïcisme apparent, où l'on a l'air de renoncer à tout, parce qu'on est à la veille de tout sentir.

Adèle vit en lui un bras sur lequel, dans son délaissement, elle pouvait s'appuyer, même avec abandon. Celui-là, du moins, il était permis de l'aimer sans aller sur les brisées d'une rivale. Entre un mari qui n'est plus aimable et un soupirant qui promet de l'être beaucoup, comment hésiter? Ces raisons ne sont pas moralement bonnes, si l'on veut; mais seraient-elles encore plus mauvaises, on ne laisse pas de s'y rendre lorsque les sens font taire le scrupule. N'était-ce pas d'ailleurs le seul moyen de ramener à la foi l'ami que de mauvaises moeurs avaient rendu incrédule? Prêchée par une si jolie bouche, la religion devient séduisante. Sainte-Beuve y retrouvait une beauté de coeur entrevue dans les extases pieuses de son enfance qu'il regrettait d'avoir perdue. Aussi fut-il sensible à cette affection, mêlée de coquetterie et de pudeur, qui entretenait longuement son désir et savait le contenir sans le désespérer. Par, un restant de moeurs chevaleresques, de sentiments à la troubadour, il brida son impatience, vécut d'amour pur pendant six mois et mangea son pain à la fumée du rôti. Son âme, dit-il,

> Sut, sans se dissiper aux folles étincelles,
> Sans heurter à la vitre et s'y briser les ailes,
> Demeurer en son lieu, certaine du retour,
> Et s'asseoir dès l'entrée, en attendant l'Amour.

Les conseils qu'il donne à Adèle sont de tous points excellents, car la vertu est un dragon qu'il s'agit d'endormir, si l'on veut s'emparer du trésor:

> Craignons de trop presser le sol où vont nos pas;
> Le voile humain est lourd, ne l'épaississons pas!
> Si la pure vertu cache un moment sa joue,
> Que sa ceinture d'or jamais ne se dénoue;
> Qu'entre les sons brillants de l'enchanteur désir,
> L'éternel sacrifice élève son soupir;
> Que, tendre et pénitent, mélancolique, austère
> Comme un chant de Virgile au choeur d'un monastère,
> Ce soupir, triomphant des transports mal soumis,
> Nous apprenne à rester dans le bonheur permis!
> En expiation d'une trop douce chaîne,
> Acceptons-en ce point de souffrance et de gêne.
> Toi surtout, aie en toi des protecteurs cachés,
> Par qui d'un chaste effort aux âmes rattachés,
> Nous sauvions à ton coeur toute souillure amère;
> Fais-moi souvent aller au tombeau de ta mère.

S'il n'y avait dans toute vraie passion une sincérité qui désarme, le dernier vers semblerait burlesque. Il ne le parut pas sans doute aux deux amants.

Pourtant l'indécis de leur situation, les méchants propos qu'elle excite et aussi la crainte que leur commencement d'intrigue ne soit découvert, ne laissent pas de les inquiéter. Ces divers sentiments me paraissent assez agréablement résumés dans la pièce suivante:

> Nonchalamment, hier, la dame que tu sais,
> Comme dans le salon près d'elle je passais,
> M'appela, me parla de toi, daigna te plaindre
> De l'abandon, dit-elle, où tu te vas éteindre,
> Puisque un si noble époux par Phryné t'est ravi;
> Et d'autres s'y mêlant, ce furent à l'envi
> Plaintes, compassions et touchants commentaires
> Sur tes pleurs d'Ariane en tes nuits solitaires:
> «Elle s'en veut cacher, mais le mal est plus fort!
> Chaque soir, quand vient l'heure où l'infidèle sort,
> Voyez-la bien. Son oeil qui couve la pendule
> A l'air de demander que l'aiguille recule.
> Sensible comme elle est, ce chagrin la tuera.
> —Non, elle est douce et calme, elle s'habituera.
> —S'habituer, monsieur! Jeune encore, il est triste
> D'être ainsi négligée!» Et la plus belle insiste,
> Prenant des airs d'égards pour ta pauvre beauté.
> Et moi je me rongeais en silence irrité.
> —Qui donc vous a permis, indifférents sublimes,
> D'ouvrir si vite un coeur le plus vaste en abîmes,
> Le plus riche en tendresse, en parfums renfermés,
> Le coeur de mon amie, ô vous qui la nommez!
> D'où savez-vous les pleurs de sa paupière émue?
> De quel droit jugez-vous cette âme à moi connue?
> [...]
> Souvent ainsi, le nom qu'aime ma rêverie,
> Que je redis sans fin au bout de ma prairie,
> Ce nom subitement par d'autres prononcé,
> Qui derrière la haie, au revers du fossé,
> Jasent à tout hasard,—ce nom chéri m'irrite,
> —Ou le mien fait rougir mon Adèle interdite.

Une autre fois, il la rassure et demande grâce pour quelque légère faveur dont elle se repentait:

> Nous sommes, mon amie, aussi pleins d'innocence
> Qu'en s'aimant tendrement le peuvent deux mortels;
> Ne t'accuse de rien! Tes voeux purs dans l'absence
> Pourraient se suspendre aux autels.
> Te vient-il du passé quelque voix trop sévère,

> Redis-toi tout le bien qu'en m'aimant tu me fis,
> Que par toi je suis doux et chaste, et que ma mère
> Me sent pour elle meilleur fils.
> Tu n'as jamais connu, dans nos oublis extrêmes,
> Caresse ni discours qui n'ait tout respecté;
> Je n'ai jamais tiré de l'amour dont tu m'aimes
> Ni vanité ni volupté.

Rien n'est oublié pour faire vibrer la sensibilité féminine, toucher à ses fibres les plus délicates et amener peu à peu l'amollissement voulu; la séduction insensiblement énerve et aveugle sa proie. On met à profit les trop longs loisirs que procure l'absence du mari, et l'on trouve le moyen de ne point s'ennuyer sans lui. Si douce qu'elle soit, une telle situation finirait, en se prolongeant, par devenir ridicule. Notre nature s'y oppose. La femme la plus inhumaine et la moins sensuelle tiendrait en médiocre estime l'individu qui en pareil cas se montrerait insensible à sa possession. Une telle apparence de dédain ne tarderait pas à décourager ce qu'elle aurait eu de favorable pour lui. Bon gré mal gré, il faut en venir à l'essentiel, à la conclusion du roman. Ils s'y acheminaient par le plus long, trouvant sans doute les stations agréables. Voici celle du premier baiser, le baiser que l'on refuse et que l'on laisse prendre. La pièce est magnifique. Dès que le coeur de l'homme est sérieusement ému, la poésie apparaît et dore tout des reflets de sa lumière:

> Comme au matin l'on voit un essaim qui butine
> S'abattre sur un lis immobile et penché:
> La tige a tressailli, le calice s'incline,
> Et s'incline avec lui tout le trésor caché.
>
> Et tandis que l'essaim des abeilles ensemble
> Pèse d'un poids léger et blesse sans douleur,
> De la pure rosée incertaine et qui tremble
> Deux gouttes seulement s'échappent de la fleur.
>
> Ce sont tes pleurs d'hier, tes larmes adorées,
> Quand sur ce front pudique, interdit au baiser,
> Mes lèvres (ô pardonne!) avides, altérées,
> Ont osé, cette fois, descendre et se poser:
>
> Ton beau cou s'inclina, ta brune chevelure
> Laissa monter dans l'air un parfum plus charmant;
> Mais quand je m'arrêtai, contemplant ta figure,
> Deux larmes y coulaient silencieusement.

Elle a pleuré, mais elle cédera. Passons à l'instant décisif. Le fruit mûr à point va comme de lui-même tomber dans la main:

Un jour, comme j'entrais vers l'heure de trois heures,
Chers instants consacrés et qu'aujourd'hui tu pleures,
Il venait de sortir; tu voulus, je m'assis;
Nous suivîmes longtemps je ne sais quels récits,
Mais qui me tenaient moins que ta langueur chargée,
Ta beauté si superbe et toute négligée,
Laquelle encor, baignant aux voiles de la nuit,
Entr'ouvrait au soleil et la fleur et le fruit.
Tel, en un val ombreux, sur la pente boisée,
Un narcisse enivrant garde tard la rosée;
Tel, aux chaleurs d'été sur les étangs dormants,
Au pied des vieux châteaux peuplés d'enchantements,
Au sein des verts fossés, aux pleins bassins d'Armide,
Nage un blanc nénuphar dans sa splendeur humide.
J'osai voir, j'osai lire au calice entr'ouvert;
J'osai sentir d'abord ce parfum qui me perd;
Pour la première fois le rayon qui m'éclaire
Fit jouer à mes yeux un désir de te plaire.
Frêle atome tremblant, presque un jeu d'Ariel,
Mais devenu bientôt monde, soleil et ciel.
Ta beauté dans l'oubli dévoilait sa lumière.
Un moment, au miroir, d'une main en arrière,
Debout, tu dénouas tes cheveux rejetés:
J'allais sortir alors, mais tu me dis: «Restez!»
Et, sous tes doigts pleuvant, la chevelure immense
Exhalait jusqu'à moi des senteurs de semence[5].
Armée ainsi du peigne, on eût dit, à te voir,
Une jeune immortelle avec un casque noir[6].
Telle tu m'apparus, d'un air de Desdémone,
Ô ma belle guerrière! et toute ta personne
Fut divine à mes yeux. Depuis ce jour, tout bas…
Qu'est-ce? j'allais poursuivre les combats,
Les désirs étouffés, les ardeurs et les larmes…

Il a eu quelque peine à se décider; enfin, il y est arrivé; raison de plus pour réparer le temps perdu; si la conquête a coûté des soins, du moins on n'y aura pas de regret:

> Au temps de nos amours, en hiver, en décembre,
> Durant deux nuits, souvent enfermés dans sa chambre,
> Sans ouvrir nos rideaux, sans lever les verrous,
> Ardents à dévorer l'absence du jaloux,
> Nous avions dans nos bras éternisé la vie;
> Tous deux, d'une âme avide et jamais assouvie,

> Redoublant nos baisers, irritant nos désirs,
> Nous n'avions dit qu'un mot entre mille soupirs,
> Nous n'avions fait qu'un rêve…
>
> Lorsque, sans plus tarder, glissant par sa croisée,
> Je la laissais au lit haletante et brisée,
> Et que, tout tiède encor de sa molle sueur,
> L'oeil encor tout voilé d'une humide lueur;
> Le long des grands murs blancs, comme esquivant un piège,
> Le nez dans mon manteau, je marchais sous la neige,
> Mon bonheur ici-bas m'avait fait immortel;
> Mon coeur était léger, car j'y portais le ciel.

Arrivée à son paroxysme, la passion n'a ni scrupule ni remords. Plus tard, peut-être, au réveil, à la première désillusion, les regrets auront leur tour; mais, au moment où l'incendie intérieur est si ardent et attisé, cette crainte est étouffée; elle compte pour peu, pour rien.

Voltaire, dans la préface de sa *Henriade*, préface qui vaut mieux que son poëme, prétend que Milton, seul parmi les poëtes, a su lever d'une main chaste le voile qui couvre ailleurs les plaisirs de l'amour. Il est vrai que la description de l'Eden et du bonheur innocent de nos premiers pères transporte notre imagination dans le jardin de délices et semble nous faire goûter les voluptés pures dont Adam et Ève sont remplis: «Ainsi parla notre commune mère, et, avec des regards pleins d'un charme conjugal non repoussé, dans un tendre abandon, elle s'appuie, en l'embrassant à demi, sur notre premier père; son sein demi-nu, qui s'enfle, vient rencontrer celui de son époux, sous l'or flottant des tresses éparses qui le laissent voilé. Lui, ravi de sa beauté et de ses charmes soumis, sourit d'un amour supérieur, comme Jupiter sourit à Junon lorsqu'il féconde les nuages qui répandent les fleurs de mai: Adam presse d'un baiser pur les lèvres de la mère des hommes. Le démon détourne la tête d'envie…». Voltaire ajoute: «Comme il n'y a point d'exemple d'un pareil amour, il n'y en a point d'une pareille poésie.»

Quel que soit mon respect pour l'opinion du grand génie auquel on élève aujourd'hui des statues au lieu de lire ses oeuvres, je dois dire qu'il commet là une petite erreur. Bien avant Milton, Virgile, le plus pieux des poëtes de l'antiquité, avait tracé de l'amour conjugal un tableau vrai et chaud, sans aucune des surcharges que la fantaisie érotique des chrétiens a voulu depuis ajouter à cet acte. C'est au livre VIII de l'*Enéide*, lorsque Vénus veut obtenir de Vulcain des armes pour son fils:

> Dixerat, et niveis hinc atque hinc diva lacertis
> Cunctantem amplexu molli fovet: ille repente
> Accepit solitam flammam, notusque medullas
> Intravit calor, et labefacta per ossa cucurrit.

> Non secus atque olim tonitru quum rupta corusco
> Ignea rima micans percurrit lumine nimbos.

Je ne sais pas assez de latin pour traduire ce passage comme il le faudrait[7]; d'instinct, je l'ai toujours admiré.

Sainte-Beuve n'approche, j'en conviens, ni de Virgile ni de Milton; il n'en est pas moins de leur famille et grand poëte aussi par l'imagination et les idées. L'expression seule lui a fait défaut. Impuissant à dompter la langue poétique, à lui faire rendre toute sa pensée, il en gémit, il en souffre; le tourment de son âme a passé dans ses vers et nous le subissons nous-même en le lisant.

IV

PROMENADES AUX CHAMPS.—LA PETITE ADÈLE.

Où vont nos amoureux, la main dans la main et le front épanoui sous les brises du printemps? Ils fuient loin de Paris où chacun les jalouse et les épie, loin des propos médisants, loin de la chambre où tout leur rappelle un souvenir importun, sans cesse présent à leur esprit et qui trouble leurs plus voluptueux épanchements. De bois en bois, de colline en colline, le long des haies fleuries et des buissons qui chantent, presque toujours à couvert et dérobés aux regards, ils s'oublient des heures entières à causer de leur affection, à faire des voeux pour qu'elle soit éternelle. Là, tout leur sourit: les douces couleurs dont l'oeil ne se lasse jamais et ce charme de l'isolement que l'on sent, que l'on goûte avec délices et que la parole ne rend pas. Se coucher sur l'herbe à l'ombre des peupliers, entouré de productions qui naissent du sein de la terre, n'est-ce pas se retremper, pour ainsi dire, à la source de l'amour et en purifier les actes? En face d'un beau ciel, au milieu de la verdure et des fleurs, l'âme se sent plus libre et la volupté plus sainte.

Les environs de Paris semblent avoir été aménagés à dessein pour de galants rendez-vous. Une nature souriante, sans rien de rude ni de trop agreste, y invite au plaisir. Gardez-vous, par exemple, des jours où la foule s'y précipite: au lieu du mystère et du silence que vous cherchez, vous n'y rencontreriez que groupes criards, joies vulgaires, caresses banales de gens qui mesurent leur plaisir à l'argent qu'il leur aura coûté. Paul de Kock nous a souvent égayés du tableau de ces parties bourgeoises et fait rire avec les scènes bouffonnes de ses épiciers en goguette; mais sa plaisanterie n'enlève rien au charme véritablement poétique de tant de lieux chers aux amoureux et aux rêveurs. Mme Adèle-X… et Sainte-Beuve le savaient bien. Aussi s'échappaient-ils souvent ensemble vers Chevreuse ou vers Romainville, ou sur les coteaux de Montmorency. Le *Livre d'amour* nous redit quelques-unes de ces anciennes folies, que le souvenir dore après coup de la lumière dont s'éclairaient ces années riantes:

> Voilà que tout s'éclaire et tout change à la fois.
> Quelques printemps de plus ont embelli les bois
> Et préparé pour nous la charmille épaissie;
> —Pour nous! car ta prison s'est enfin adoucie;
> Car lui, le dur jaloux, l'orgueilleux offensé,
> S'est pris au piége aussi d'un amour insensé.
> Il court après l'objet qui nuit et jour l'enlève,
> Et nous, prompts à jouir de cette courte trêve,
> Nous courons non moins vite aux bois les plus voisins,
> Comme en la jeune idylle, ombrager nos larcins;

> Si bien qu'au frais retour de nos marches fleuries,
> Au seuil où nous entrons des blanches laiteries,
> L'hôtesse, habituée à nous revoir tous deux,
> Sourit et semble dire: «Ah! ce sont les heureux!»

D'autres fois, lorsqu'ils ne pouvaient disposer que de quelques heures, leur rencontre avait lieu dans le voisinage, à l'église et même, le croirait-on? au cimetière Montparnasse. Ce choix réfrigérant était-il dû à l'amour du contraste? Se sentaient-ils plus disposés à jouir des plaisirs de la vie en présence des tombeaux? Le poëte voulait-il engager par là sa maîtresse à mettre à profit une existence de si peu de durée? Je ne sais, mais le fait est certain. Lisez plutôt:

> Les plus gais de nos jours et les mieux partagés
> Sont ceux encore où seuls, et loin des yeux légers,
> Dans les petits sentiers du lointain cimetière,
> Ensemble nous passons une heure tout entière.
> En ce lieu qui pour nous garde des morts sacrés,
> Nos pas sont lents et doux, nos propos murmurés;
> Rarement le soleil, débordant sur nos têtes,
> Rayonne ce jour-là; de nos timides fêtes
> Les reflets mi-voilés ont gagné la saison:
> C'est vapeur suspendue et tiède nuaison[8].
> Si quelque veuve en deuil dans le sentier se montre,
> Un cyprès qu'on détourne évite la rencontre.
> La piété funèbre, errant sous les rameaux,
> Donne au bonheur discret le souvenir des maux,
> Le prépare à l'absence; et quand, l'heure écoulée,
> On part,—rentré chacun dans sa foule mêlée,
> On voit longtemps encor la pierre où l'on pria,
> Et la tombe blanchir sous son acacia.

Que devenaient, durant ces escapades, l'intérieur du ménage et les enfants? Hélas! on voudrait ne pas le savoir. Tandis que la mère de famille courait ainsi la ville ou les champs, fuyant le sérieux de la vie, la responsabilité, le labeur et l'esclavage du foyer, tout y était à l'abandon. Quel désordre! quel gâchis! Un seul fait en donnera la mesure. La cuisinière, fille novice et livrée à elle-même, s'avisa un jour d'assaisonner le potage à l'eau de javel. Toute la maison faillit s'empoisonner. Ah! la poésie, l'amour, c'est charmant. Un peu de prose toutefois et de pot-au-feu feraient bien mieux l'affaire.

Ch. R..., rédacteur d'un important journal, avait pour femme une romancière de mérite, sorte de clair-de-lune de Mme Sand, mais plus jolie qu'elle. Un de ses amis,—c'est toujours un ami!—le docteur Melchior Yvan, que tout le Paris du boulevard a connu, s'en éprit et la lui enleva. Cela mit entre eux un peu de froid. Non, certes, que le mari le prît mal; il disait, au contraire, à qui voulait l'entendre: «Qu'a donc Melchior contre moi? il ne me salue plus! Est-ce parce qu'il m'a soufflé ma femme? S'il savait combien je lui en suis reconnaissant!»

N'allez pas traiter le propos de cynique. Il avait grandement raison, ce mari. J'ai pu voir moi-même combien sa résignation couvrait de prudence. À quelque dix ans de là, ayant été envoyé auprès de Mme Ch. R… par Sainte-Beuve, qui était son compère (ils avaient tenu ensemble le fils Buloz sur les fonts), j'eus grand'peine à la reconnaître. La muse, dont j'avais jadis admiré l'éclat et les charmes, fort appétissants, ma foi! dans leur opulente maturité, n'était plus qu'une ruine. Figurez-vous un gros nez en bec de corbin et deux mèches de cheveux grisâtres cachant mal le ravin des tempes, avec un menton de galoche; l'oiseau de paradis était métamorphosé en chouette.

Ma commission faite, Yvan voulut me reconduire. Il était encore vert et passait pour courir le cotillon. Tout le long du chemin, il s'efforça de m'insinuer qu'il n'y avait plus entre lui et son ex-maîtresse que des rapports d'amitié et de confraternité littéraire. Cela m'était bien égal; mais il paraissait tenir fort à me convaincre. Son insistance avait à la fois quelque chose de comique et de triste. Oh! comme je compris ce jour-là l'obstination des femmes à repousser le divorce!

On aura beau dire et beau faire, l'adultère sera toujours une sotte histoire. Si vous prenez la femme et vivez conjugalement avec elle, vous voyez l'inconvénient. Dans le cas contraire, il faut se résigner au partage et se contenter, en maugréant, des restes du mari. La plupart des amants, il est vrai, trouvant désagréable de se poser nettement cette question d'amour-propre et de point d'honneur, préfèrent la sous-entendre et l'éluder. D'autres acceptent comme parole d'Évangile l'explication qu'on leur donne de ces témoignages obligés où la prétendue antipathie se voile des apparences de la tendresse. Sainte-Beuve, à ce qu'il paraît, était de ceux-là; il croit à de certains refus, tandis que le mari dans sa barbe en rit.

> Adèle! tendre agneau! que de luttes dans l'ombre,
> Quand ton lion jaloux, hors de lui, la voix sombre,
> Revenait usurpant sa place à ton côté,
> Redemandait son droit, sa part dans ta beauté,
> Et qu'en ses bras de fer, brisée, évanouie,
> Tu retrouvais toujours quelque lutte inouïe
> Pour te garder fidèle au terrible vainqueur
> Qui ne veut et n'aura rien de toi que ton coeur!

Pourtant, la jalousie le mordait parfois, quoi qu'on pût lui jurer, mais il en repoussait aussitôt l'idée comme indigne de lui. Il y a une histoire de portrait assez plaisante, qui lui donna fort à réfléchir. Boulanger avait offert à Mme

X... de la peindre en peignoir blanc, toilette négligée et d'autant plus ravissante. Lamartine la pressait d'accepter, mais elle s'y refusa, et, comme font les coquettes, jura qu'elle n'aurait jamais d'autre portrait que celui qui était gravé au coeur de son amant, ce qui, bien entendu, ne l'empêcha pas de poser devant le peintre quelques jours après.

Un autre sentiment a dicté l'épître *à la petite Adèle*, qui est, à tous les points de vue, la pièce la plus remarquable du *Livre d'amour*. Ayant cru discerner sur le visage de cette enfant, dont il était le parrain, je ne sais quelle vague indication de sa propre physionomie, il s'était pris pour elle d'une affection particulière et un jour que, pour apporter sans doute un secret message, elle était venue à la chambre du bon ami de sa maman, il lui dit en vers faciles et d'un accent attendri:

> Enfant délicieux que sa mère m'envoie,
> Dernier-né des époux dont j'ai rompu la joie;
> De vingt lunes en tout décoré, front léger,
> Où les essaims riants semblent seuls voltiger,
> Où pourtant sont gravés, doux enfant qui l'ignores,
> Pour ta mère et pour moi tant d'ardents météores,
> Tant d'orages pressés et tant d'événements,
> Depuis l'heure innocente où, sous des cieux cléments,
> Sous l'ombre paternelle immense, hospitalière,
> Nous assistions, jeune arbre, à ta feuille première;
> Jeune arbre qu'à plaisir a cultivé ma main,
> Qui toujours m'apparais dans mon ancien chemin
> Comme un dernier buisson, une touffe isolée;
> Enfant qui m'attendris, car pour nous tu souffris,
> Qui dus à nos chagrins tes sucs presque taris,
> Et restas longtemps pâle.—Enfant qu'avec mystère
> Il me faut apporter comme un fruit adultère,
> Oh! sois le bien venu, chaste fruit, noble sang!
> Que ma filleule est grande et va s'embellissant!
> Et ce sont tout d'abord, au seuil de ma chambrette,
> De grands yeux étonnés, une bouche discrète,
> Presque des pleurs, enfant, mais bientôt les baisers.
> Les gâteaux t'ont rendu tes ris apprivoisés,
> Ta sérénité d'âme un moment obscurcie,
> Et ton gazouillement qui chante et remercie!
> Tu viens toi-même offrir à mes doigts caressés
> Tes cheveux qui de blonds sont devenus foncés;
> Ils seront noirs, enfant, noirs comme ta paupière,
> Comme tes larges yeux où nage la lumière.

> Adèle est ton doux nom, nom de ta mère aussi:
> Parrain religieux, je t'ai nommée ainsi,
> Refusant d'ajouter au sien, suivant l'usage,
> Un de mes noms; pour toi j'eusse craint le présage.
> Que d'aimables bienfaits tu me rends aujourd'hui!
> Toi seule, enfant sacré, me rattaches à lui;
> Par toi je l'aime encore, et toute ombre de haine
> S'efface au souvenir que ta présence amène.
> Mon amitié peu franche eut bien droit aux rigueurs,
> Et je plains l'offensé, noble entre les grands coeurs!

Il me faut sauter quelques vers où le poëte entre dans une précision de détails que personne ne lui demandait à ce degré.

> Or toi, venue après, et quand pâlit la flamme;
> Quand ta mère à son tour, déployant sa belle âme,
> Tempérait dans son sein les fureurs du lion;
> Quand moi-même apparu sur un vague rayon,
> Comme un astre plus doux aux heures avancées,
> Je nageais chaque soir en ses tièdes pensées,
> Oh! toi venue alors, enfant, toi, je te vois
> Pure et tenant pourtant quelque chose de moi!
> Tu seras noble et douce, et tout simplement bonne,
> Humble appui de ta mère, et sa fraîche couronne,
> La dernière que tard elle voudra garder.
> Que ne puis-je à ses yeux par la main te guider,
> Jeune ange; que ne puis-je, en longues matinées,
> Suivre avec toi les bords de tes jeunes années,
> Et dans l'odeur première, aisée à retenir,
> Au fond du vase élu fixer mon souvenir?
> —À peine tu sauras mon nom, sans rien d'intime.
> Ces visites, enfant, qu'on cache comme un crime,
> Si rares qu'elles soient, vont cesser aussitôt
> Que ta langue achevée aura dit tout un mot,
> Et qu'heureuse, empressée à ravir la parole,
> Rivale en sons joyeux de l'abeille qui vole,
> Tu pourras sans obstacle à chacun raconter
> La vie et ses douceurs, et qu'on t'a fait monter
> Bien haut, dans une chambre étroite, et retirée,
> Mais où ton bon ami t'a de joie entourée…

N'est-ce pas là, dites, un charmant verbiage, une caresse de quasi-paternité admirablement rendue? Ce qui suit est plus délicat, s'il se peut:

> Enfant, mon lendemain, mon aube à l'horizon,
> Toi ma seule famille et toute ma maison,
> C'est bonheur désormais et devoir de te suivre:
> Elle manquant, hélas!… pour toi j'aurais à vivre.
> Pour ta dot de quinze ans j'ai déjà de côté
> L'épargne du travail et de la pauvreté;
> Je l'accroîtrai, j'espère… Ô lointaines promesses!
> Ne hâtons pas l'essor des plus belles jeunesses.
> Qui sait si de tes yeux quelque éclair échappé,
> En tombant sur un coeur, ne sera pas trompé?

La générosité du poëte n'eut pas lieu de s'exercer. On dirait même qu'un sort fatal fût attaché à cette enfant. Car devenue grande et restée timide et taciturne comme l'avait été sa mère, elle s'énamoura en Angleterre d'un officier pauvre; sur le refus de ses parents de le lui laisser épouser, elle se fit enlever et partit avec lui pour les Indes.

Il serait trop long de suivre dans toutes ses phases la passion de Sainte-Beuve pour Mme X… Je ne citerai plus qu'un sonnet, un seul, non qu'il soit très-remarquable, mais parce qu'il laisse deviner en partie les causes d'une rupture devenue inévitable.

SONNET

Nec amare decebit (Tibulle).

> J'ai vu dans ses cheveux reparaître et pâlir
> Une trace d'argent qu'un hiver a laissée;
> À son front pur j'ai vu la ride ineffacée,
> Et n'ai su d'un baiser tendrement la polir.
>
> J'ai vu sa fille aînée à son bras s'embellir,
> Et rougissante au seuil de la fête empressée,
> Appeler tous regards, ravir toute pensée;
> Et la mère en oubli pourtant s'enorgueillir.
>
> Assez, ô muse, assez! Taisons ce qui s'avance;
> Étouffons les échos pour les ans de silence;
> Enfermons les soupirs et cachons-les à tous.
> Plus de chants, même au loin en notre deuil modeste.
> Plus de perle au collier! que le fil seul nous reste,
> Un fil indestructible! ô muse, arrêtons-nous.

Les fins de roman ne sont jamais aussi agréables que la mise en train. Une seule scène suffira pour peindre au naturel les embarras où nous jettent de telles intrigues. Le récit en a été fait à M. d'Haussonville par une dame.

—La passion de Sainte-Beuve pour Mme X… avait fini par une brouille de longue durée. Ils n'étaient pas encore réconciliés, lorsqu'un soir le hasard les amena en présence devant moi. Jusque-là, rien que de très-ordinaire: c'est ce qui arrive tous les jours; mais la chose piquante, c'est que M. Sainte-Beuve, voulant dire tout ce qu'il avait sur le coeur, se servit de moi pour exprimer ses plus amères réflexions sur l'inconstance en amitié, les sentiments méconnus, etc.. Comme j'étais assez près d'elle pour qu'elle entendît, et comme, immobile, elle écoutait[9], sans perdre un mot, vous voyez d'ici la scène et mon embarras entre les trois personnages, car le mari, à deux pas plus loin, écoutait aussi. C'était, comme on dit, à brûle-pourpoint qu'il m'adressait son discours, auquel je n'avais pour mon compte rien à répondre, et ses paroles étaient aussi incisives que vous pouvez le supposer de ce vindicatif personnage. On m'a dit cependant qu'ils s'étaient réconciliés depuis.

Hormis le *vindicatif* qui est un contre-sens, rien de plus vrai que ce récit et les mots qui le terminent: la rupture définitive n'eut lieu en effet qu'en 1837 par le départ de l'amant pour Lausanne. Et même on peut dire que des relations amicales persistèrent entre eux jusqu'au bout. Plus tard, il écrivait à quelqu'un qui avait causé de lui avec elle à Bruxelles: «C'est la seule amie constante que j'aie eue dans ce monde-là. Les autres ne m'ont jamais pardonné de m'être séparé à un certain moment. Les enfants ne doivent me connaître qu'à travers leurs préjugés.» Lui-même gardait bon souvenir de ceux qu'il avait une fois aimés, alors que déjà tout amour avait disparu. Il se plaisait à faire de temps à autre de petits présents à la famille. En 1860 il envoya une robe à Mlle Adèle qui lui écrivit pour l'en remercier. Mais la lettre, ayant probablement été soumise au père, arriva toute barrée de traits sur les passages qui exprimaient surtout la gratitude. Sainte-Beuve en fut indigné.—«Voyez, me dit-il en me la montrant; il est toujours le même: il empoche le cadeau, mais il ne veut pas qu'on me dise *merci*.»

Plus tard, un jour que je me trouvais chez lui, survint une dame, qui, connaissant le chemin, grimpa lentement le petit escalier, après avoir jeté son nom à la servante. Lorsqu'elle redescendit, accompagnée cérémonieusement jusqu'à la porte par le galant critique, je vis une personne déjà âgée, aux traits nets et décidés, d'un profil italien plutôt que français. Le léger duvet qui, dans la fleur de la jeunesse, estompait la lèvre supérieure et n'était sans doute qu'un charme de plus, s'était accentué avec le temps d'une façon moins gracieuse. Aussi, quand nous fûmes seuls, ne pus-je m'empêcher de lui dire:—Eh! mais! elle a une fière moustache, votre connaissance.—Ah! répondit-il avec un triste sourire, nous ne sommes plus jeunes ni l'un ni l'autre.

V

LES POËTES ET LE CRITIQUE.—JOSEPH DELORME ET LES CONSOLATIONS.—RUPTURE DÉFINITIVE.—UNE PIQÛRE DES «GUÊPES.»

Qui n'a lu dans le conte de *la Coupe enchantée* la plaisante énumération des avantages que procure à un mari l'infidélité de sa femme?

> Tout vous rit. Votre femme est souple comme un gant.
> [...]
> Quand vous perdez au jeu, l'on vous donne revanche;
> Même votre homme écarte et ses as et ses rois;
> Avez-vous sur les bras quelque monsieur Dimanche,
> Mille bourses vous sont ouvertes à la fois.
> Ajoutez que l'on tient votre femme en haleine:
> Elle n'en vaut que mieux, n'en a que plus d'appas;
> Ménélas rencontra des charmes dans Hélène,
> Qu'avant qu'être à Paris la belle n'avait pas.

Et tout ce qui suit. Il est pourtant encore un avantage oublié par La Fontaine, qui mérite d'être signalé: c'est, si vous êtes auteur, d'avoir sous la main un porte-drapeau qui, sans crainte des huées et des coups, sonne de la trompette, annonce votre gloire et fasse ranger la foule pour ouvrir un passage aux merveilles que vous enfanterez. L'école romantique, grâce à la passion de Sainte-Beuve pour Mme X..., trouva en lui ce héraut d'armes. Cette école chantait le moyen âge, la chevalerie, Jehova, l'Orient et une foule d'autres choses qu'elle ne voyait que de loin et sur la foi du rêve. De là un peu d'hésitation dans le public à l'accepter. Lamartine, il est vrai, avait du premier jour conquis la renommée par les femmes et la jeunesse; mais Vigny, Hugo, Musset et le reste du cénacle furent plus lents à percer, à se faire lire. Ils devaient désirer qu'une plume exercée et subtile donnât la clef de leur pensée et les débrouillât, devant tous. Plusieurs d'entre eux en avaient grand besoin.

Le critique se mit donc à leur service et ne s'épargna pas à la besogne, abdiquant son droit d'examen, se plaçant au point de vue des auteurs pour l'appréciation de leurs livres, leur appliquant enfin les règles et les principes d'après lesquels eux-mêmes voulaient être jugés. Il inculqua au public les formes nouvelles et lui fit agréer, à travers quelques ornements étranges, les beautés que l'on n'avait pas saluées tout d'abord.

«Dans cette école dont j'ai été depuis la fin de 1827 jusqu'à juillet 1830, ils n'avaient de *jugement* personne: ni Hugo, ni Vigny, ni Nodier, ni les Deschamps; je fis un peu comme eux durant ce temps, je mis mon jugement dans ma poche et me livrai à la fantaisie, savourant les douceurs de la louange qu'ils ne ménageaient guère.» Les poëtes, en effet, ne sont pas gens à prendre du galon à demi; il faut les encenser largement, sans restriction, et leur en donner sur toutes les coutures. À genoux au pied de leur statue, demandez-leur humblement la permission d'enlever, en soufflant, quelque grain de poussière à leur marbre, à peine s'ils daigneront y consentir. On sourit de voir un esprit si net que Sainte-Beuve abonder, à la merci de son imagination, dans ce phoebus romantique. Pour n'en citer qu'un exemple, ayant à consoler Alfred de Vigny de son échec d'*Othello*, il lui adresse une épître terminée par ces vers:

> Et puis, un jour, bientôt, tous ces maux finiront,
> Vous rentrerez au ciel une couronne au front,
> Et vous me trouverez, moi, sur votre passage,
> Sur le seuil, à genoux, pèlerin sans message;
> Car c'est assez pour moi de mon âme à porter,
> Et, faible, j'ai besoin de ne pas m'écarter.
> Vous me trouverez donc en larmes, en prière,
> Adorant du dehors l'éclat du sanctuaire,
> Et pour tâcher de voir, épiant le moment
> Où chaque hôte divin remonte au firmament.
> Et si, vers ce temps-là, mon heure révolue,
> Si le signe certain marque ma face élue,
> Devant moi roulera la porte aux gonds dorés,
> Vous me prendrez la main, et vous m'introduirez.

Pour Victor Hugo, l'encens est plus fort:

> Votre génie est grand, ami; votre penser
> Monte, comme Élisée, au char vivant d'Élie;
> Nous sommes devant vous comme un roseau qui plie
> Votre souffle en passant pourrait nous renverser.

De telles exagérations dont il trouvait la source dans *Hernani*, faisaient dire à Armand Carrel: «On ne peut attaquer par trop d'endroits à la fois une production pareille quand on voit la déplorable émulation qu'elle peut inspirer à un esprit délicat et naturellement juste.» Patience! le désabusement viendra assez tôt; la raison prendra le dessus, et quand le charme qui enchaînait la plume du critique aura cessé, il ne se relèvera que plus vivement contre ses anciennes admirations et redeviendra un témoin indépendant, au franc parler, un juge impartial. «La passion que je n'avais qu'entrevue et désirée, je l'ai sentie: elle dure, elle est fixée, et cela a jeté dans ma vie bien des nécessités, des amertumes», écrivait-il à l'abbé Barbe (singulier confident pour de tels aveux!) Ce sont ces amertumes qui ont dicté plus tard la protestation indignée que voici:

«S'il veut obtenir de vous un service qui flatte son amour-propre, l'homme grossier est homme à faire intervenir près de vous dans la conversation le nom de sa femme, pour peu qu'il se doute que vous en êtes un peu amoureux; il ne voit aucune indélicatesse, mais seulement une ruse très-permise à cela. Quand il unit une sorte de génie à un grand orgueil, l'homme grossier devint irrassasiable en louanges. Quand vous lui en serviriez tous les matins une tranche aussi forte et aussi épaisse que l'était la fameuse table de marbre sur laquelle on jouait les comédies au Palais, il l'aurait bientôt digérée, et avant le soir, à demi bâillant, il vous en demanderait encore.»

Le motif qui aux amitiés éteintes fait succéder l'aigreur ou même l'animosité, se trouve expliqué suffisamment dans un autre passage:

«Il est presque impossible au critique, fût-il le plus modeste, le plus pur, s'il est indépendant et sincère, de vivre en paix avec le grand poëte régnant de son époque: l'amour-propre du potentat, averti sans cesse et surexcité encore par ses séides, s'irrite du moindre affaiblissement d'éloges et s'indigne du silence même comme d'un outrage.»

En attendant, Sainte-Beuve, sans renoncer à son métier de critique, donnait essor au secret penchant de poésie qui tourmente toute jeunesse. L'originalité de son premier recueil, *Joseph Delorme*, fit du bruit. J'en dirai brièvement les raisons.

Pour qui ne se paie pas de mots, l'idéal en religion, en littérature et en art, n'est que l'image de l'homme lui-même, aperçue dans un nuage, où il se complaît à la voir affranchie de ses misères et de ses imperfections. Dans les siècles de barbarie, le nuage, éloigné de la terre, reproduit l'image en silhouettes gigantesques où, loin de nous reconnaître, nous croyons deviner des êtres supérieurs, qui nous inspirent tantôt de l'effroi, tantôt du respect ou de l'admiration. Mais à mesure que la race humaine s'améliore, le nuage s'abaisse, l'ombre devient moins effrayante, plus semblable à nous.

Supposez un instant que, par impossible, une nation soit parvenue, à force de culture et de progrès, au degré de perfection le plus complet que sa nature comporte, il n'y aura plus de nuage, et l'idéal se confondra avec la réalité. Chaque individu sera à lui-même son propre poëte, son artiste, son pontife, et ne célébrera, n'adorera, ne reproduira que lui, jouissant de la félicité que le catéchisme attribue à Dieu, *se contempler et s'aimer*. Nous n'en sommes pas là certes; mais il semble par moments que nous y tendions.

Joseph Delorme a supprimé en partie le nuage. Cet émule des Werther, des René, au lieu de regarder en haut, n'aperçoit que la misère et les ennuis d'une destinée incertaine de sa voie et qui se cherche. En proie à la maladie du génie, ou plutôt, à l'épidémie alors régnante, il exhale avec mélancolie le mécontentement et la nausée que lui causent les vulgarités actuelles.

L'auteur de ce recueil, habitué par ses études à se tâter le pouls à toute heure, a recueilli chacune de ses sensations, de peur qu'elle ne se perdît ainsi que la goutte de rosée qui tombe et sèche sur les rochers. Persuadé, en outre, que les formes intermédiaires nuisent plus ou moins, selon qu'elles s'éloignent du naïf détail des choses éprouvées, il traduit tout crûment et ne vise au roman que le moins possible.

La société refusa de se reconnaître dans ce miroir peu flatteur. À l'apparition du livre, ce furent des effarouchements, des cris de pudeur révoltée: Fi! le vilain; cachez vos nudités. *Immoral*, murmura la duchesse de Broglie. M. Guizot le traita de *Werther jacobin et carabin*. Les classiques firent des gorges chaudes de ces plaintes, de ces imprécations, de ces désespoirs rendus en une langue si peu débrouillée.

On n'avait pas affaire à un entêté. Sainte-Beuve retourna sa veste, s'ennuagea de catholicisme au contact de l'amie, enduisit ses crudités d'un vernis de décence et l'on eut *les Consolations*. Mais ce rideau de dévotion, tiré devant un manque absolu de foi, ne put tromper les malins. Béranger, dans une lettre, mit le doigt sur tous les points faibles:

«Savez-vous une crainte que j'ai? C'est que vos *Consolations* ne soient pas aussi recherchées du commun des lecteurs que les infortunes si touchantes du pauvre *Joseph*, qui pourtant ont mis tant et si fort la critique en émoi. Il y a des gens qui trouveront que vous n'auriez pas dû vous consoler sitôt: gens égoïstes, il est vrai, qui se plaisent aux souffrances des hommes d'un beau talent, parce que, disent-ils, la misère, la maladie, le désespoir sont de bonnes muses. Je suis un peu de ces mauvais coeurs. Toutefois, j'ai du bon; aussi vos touchantes *Consolations* m'ont pénétré l'âme, et je me réjouis maintenant du calme de la vôtre. Il faut pourtant que je vous dise que moi, qui suis de ces poëtes tombés dans l'ivresse des sens dont vous parlez, mais qui sympathise même avec le mysticisme, parce que j'ai sauvé du naufrage une croyance inébranlable, je trouve la vôtre un peu affectée dans ses expressions. Quand vous vous servez du mot *Seigneur*, vous me faites penser à ces cardinaux anciens qui remercient Jupiter et tous les dieux de l'Olympe de l'élection d'un nouveau pape. Si je vous pardonne ce lambeau de culte jeté sur votre foi de déiste, c'est qu'il me semble que c'est à quelque beauté, tendrement superstitieuse, que vous l'avez emprunté par condescendance amoureuse…»

Stendhal, de son côté, disait à l'auteur: «Je trouve encore un peu d'affectation dans vos vers. Je voudrais qu'ils ressemblassent davantage à ceux de la Fontaine.» Excellent conseil, plus facile à donner qu'à suivre. Sainte-Beuve comprit sans doute la leçon. Puis, sa maîtresse le négligeait, l'ardeur première allait s'attiédissant; mieux valait rompre. Romantisme, poésie[10], amour, il envoya tout au diable et d'un ton vibrant:

Osons tout et disons nos sentiments divers:
Nul moment n'est plus doux au coeur mâle et sauvage
Que lorsque, après des mois d'un trop ingrat servage,
Un matin, par bonheur, il a brisé ses fers.

La flèche le perçait et pénétrait ses chairs,
Et le suivait partout: de bocage en bocage
Il errait. Mais le trait tout d'un coup se dégage:
Il le rejette au loin tout sanglant dans les airs.

Ô joie! ô cri d'orgueil! ô liberté rendue!
Espace retrouvé, courses dans l'étendue!
Que les ardents soleils l'inondent maintenant!

Comme un guerrier mûri, que l'épreuve rassure,
À mainte cicatrice ajoutant sa blessure,
Il porte haut la tête et triomphe en saignant.

Ne chantons pas victoire si tôt; le drame aura son épilogue, et précisément à l'occasion du *Livre d'amour*. J'ai dit que Sainte-Beuve cédant, comme le font tous les poëtes, à la démangeaison de mettre le public dans la confidence de ses vers et ne pouvant se résoudre à les garder en portefeuille, les avait fait imprimer à petit nombre. Je ne pense pas que son intention fût alors de les divulguer. Ces confessions que l'on fait de soi, touchent de trop près à celles d'autrui pour ne pas exciter de réclamation. Déposez votre masque, si bon vous semble, le voisin n'entend pas que vous enleviez le sien. Je crois donc que la plaquette devait rester inédite jusqu'après la mort des intéressés; mais l'indiscrétion de quelque compositeur de l'imprimerie éventa le secret. On s'en émut autour d'Adèle, et l'un de ces officieux, qui font partout les empressés et déploient trop souvent un zèle intempestif, M. Alphonse Karr, lança dans *les Guêpes* l'odieux article que voici:

«Il ne s'agit tout simplement que d'une grande infamie que prépare dans l'ombre un poëte béat et confit, un saint homme de poëte.

«Le dit poëte est fort laid. Il a rêvé une fois dans sa vie qu'il était l'amant d'une belle et charmante femme. Pour ceux qui connaissent les deux personnages, la chose serait vraie qu'elle n'en resterait pas moins invraisemblable et impossible.

«Cet affreux bonhomme ne s'est pas contenté des joies qu'il a usurpées à la faveur de quelques accès de folie ou de désespoir causés par un autre. Il ne trouve pas que ce soit assez d'avoir une belle femme, il veut un peu la déshonorer.—Sans cela, ce ne serait pas un triomphe suffisant.

«Il a réuni dans un volume de 101 pages toutes sortes de vers au moins médiocres, qu'il a faits sur ses amours invraisemblables. Il a eu soin d'en faire un dossier, avec pièces à l'appui, pour laisser sur la vie de cette femme la trace luisante et visqueuse que laisse sur une rose le passage d'une limace.

«Non-seulement il a eu soin de relater dans ses vers toutes les circonstances de famille et d'habitudes, qui ne permettent pas d'avoir le moindre doute sur la personne qu'il a voulu désigner, mais encore il l'a nommée à diverses reprises. Cette infamie, tirée à cent exemplaires, doit être cachetée et déposée chez un notaire pour être distribuée entre certaines personnes désignées, après la mort de l'auteur.

«J'espère qu'à cette époque les gens qui liront cette oeuvre de lâcheté, trouveront ce monsieur encore plus laid qu'il n'était de son vivant.

«Ce livre de haine est appelé par l'auteur *Livre d'amour.*»

L'article était suivi du sonnet le plus libre du volume: une promenade en fiacre aux Champs-Élysées:

> Laisse ta tête, amie, en mes mains retenue,
> Laisse ton front pressé; nul oeil ne peut nous voir.
> Par ce beau froid d'hiver, une heure avant le soir,
> Si la foule élégante émaille l'avenue,
>
> Ne baisse aucun rideau, de peur d'être connue;
> Car en ce gîte errant, en entrant nous asseoir,
> Vois! notre humide haleine, ainsi qu'en un miroir,
> Sur la vitre levée a suspendu sa nue.
>
> Chaque soupir nous cache, et nous passons voilés.
> Tel, au sommet des monts sacrés et recélés,
> À la voix du désir le Dieu faisait descendre
>
> Quelque nuage d'or fluidement épars,
> Un voile de vapeur impénétrable et tendre:
> L'Olympe et le soleil y perdaient leurs regards[11].

Un tel article ne peut nuire qu'à celui qui l'écrit[12]. Je ne crois pas qu'il soit possible de lancer un plus maladroit pavé à la tête de ses amis. Ce qui rend le procédé plus bouffon, c'est que l'homme qui prenait ainsi en main la défense des vertus conjugales, était lui-même juridiquement séparé de sa femme. Il est fâcheux, quand on fait un tel acte public, au nom de la morale, de prêter soi-même le flanc à la médisance. Et notez que cette agression eut un résultat diamétralement contraire à celui que probablement on s'était proposé. Le poëte ainsi outragé répondit en publiant la plus grande partie du volume à la suite de *Joseph Delorme*. Ces poésies ont, depuis, et du vivant de l'auteur, été éditées deux fois par P. Malassis et Michel Lévy. Eh bien! y a-t-il eu le moindre scandale? Quelqu'un s'est-il retourné seulement? Ce n'était donc pas la peine de faire tant de bruit et de jeter de si hauts cris.

VI

GEORGE SAND.—LE SAINT-SIMONISME ET PIERRE LEROUX.—MADAME RÉCAMIER.—LE RUGGIERI DU BEL-ESPRIT.

Avant de nous embarquer avec Sainte-Beuve pour Lausanne, il nous faut dire quelque chose de ses relations purement amicales avec deux femmes célèbres, placées dans des milieux bien différents, et qui offrent entre elles un parfait contraste, George Sand et Mme Récamier.

Dans les années fiévreuses qui suivirent la révolution de 1830, et où l'on vit se produire tant de nouveautés hardies, un des événements littéraires qui firent le plus de bruit, fut l'apparition de cette femme jeune, originale, menant la vie de garçon et d'étudiant, qui, sans demander appui ni secours aux journaux, entrait fièrement en lice et s'attaquait au sexe fort, justifiant les paradoxes de sa révolte par l'éloquence de ses plaidoyers.

Ce qui plaît avant tout dans son oeuvre, c'est la crânerie et la franchise de l'allure. Que le moment soit propice ou non, elle exprime ses sentiments, ses émotions à l'heure même, avec une netteté que l'on a pu qualifier de brutale, et qui n'en reste pas moins la marque des vrais maîtres.

Avant d'incarner dans ses personnages la flamme et les tourments de la passion, elle les avait subis elle-même; ses premiers livres, on peut le dire, sont écrits avec le sang de sa blessure. Voulez-vous son portrait en deux mots? Prenez le contrepied de la définition que Mme du Deffand donnait de son caractère: «Ni tempérament ni roman.» Aspirant, comme tous les grands coeurs, à un bonheur que le mariage lui avait refusé, elle ne cessa de le poursuivre. Plus insaisissable que le chantre de Méry, cet oiseau fugace échappait sans cesse de ses mains.

Élevée aux champs, elle en avait goûté de bonne heure l'allégresse et la poésie, qu'elle nous a rendues avec l'ampleur de son style plantureux. Jamais, depuis Jean-Jacques, aucun écrivain n'avait mieux senti l'âme de la nature, la santé et la joie de la vie rustique, et les admirables tableaux qu'offre la campagne dans sa richesse et sa diversité. Que de frais et riants paysages que le pinceau n'égalera jamais! Et tout cela, sans trace d'effort, comme l'arbre donne ses fruits, comme la source verse l'onde.

Les critiques, il faut le dire à leur honneur, saluèrent avec enthousiasme sa venue, applaudirent à ses audaces. Sainte-Beuve, avant de l'avoir vue, publia dans *le National*, où il écrivait alors, des articles pleins de sympathie. Il nous raconte lui-même quelle en fut la récompense:

«Planche, qui la connaissait déjà, me dit que l'auteur désirait me voir pour me remercier. Nous y allâmes un jour vers midi. Je vis en entrant une jeune femme aux beaux yeux, au beau front, aux cheveux noirs et un peu courts, vêtue d'une sorte de robe de chambre sombre des plus simples. Elle écouta, parla peu et m'engagea à revenir. Quand je ne revenais pas assez souvent, elle avait le soin de m'écrire et de me rappeler. En peu de mois, ou même en peu de semaines, une liaison étroite d'esprit à esprit se fit entre nous.»

Et il ajoute aussitôt, pour mieux caractériser la nature constante de leurs rapports:

«J'étais garanti alors contre tout autre genre d'attraits et de séductions par la meilleure, la plus sûre et la plus intime des défenses.»

Sa passion pour Adèle était encore trop vive et de date trop récente, pour lui permettre la moindre infidélité. Certes, l'occasion était tentante: il eut la vertu d'y résister. Une fois n'est pas coutume.

George Sand traversait en ce moment une veine de misanthropie. À la veille de rompre des liens qui lui pesaient, elle se demandait quels amis, ou plutôt quel ami elle pourrait choisir parmi tant de gens d'esprit qui s'offraient à la consoler.

Puisque Sainte-Beuve se rayait lui-même de la liste, on lui réserva le rôle de confident, de conseiller, de confesseur; je n'ose dire un autre mot, bien qu'il soit difficile de ne pas sourire à lui voir rendre de si galants services. S'il n'avait pris soin de publier, peu de temps avant sa mort, sans doute avec l'assentiment de Mme Sand, les lettres qu'elle lui écrivit, nous n'aurions jamais deviné à quel point ils avaient poussé, l'un la complaisance et l'autre la franchise. En voici quelques extraits:

Mars 1833. «Eh bien! mon ami, quand viendrez-vous dîner avec moi? Que vous n'ayez pas faim, ce n'est pas une raison; je ne tiens pas à vous faire manger, mais à causer avec vous sans être dérangée, et à ces heures-là je suis libre… Il m'est bien doux de trouver en vous le zèle et l'amitié que je réclame toujours avec confiance sans crainte d'être indiscrète.»

En conséquence, elle le prie de lui amener quelqu'un des écrivains en vogue; elle songe d'abord à Alexandre Dumas, nonobstant la couleur; puis à Alfred de Musset; mais aussitôt elle se ravise:

«À propos, réflexion faite, je ne veux pas que vous m'ameniez Alfred de Musset. Il est très-dandy, nous ne nous conviendrions pas, et j'avais plus de curiosité que d'intérêt à le voir. Je pense qu'il est imprudent de satisfaire toutes ses curiosités, et meilleur d'obéir à ses sympathies.»

Que n'a-t-elle persisté dans ces bons sentiments! ils lui auraient épargné bien des ennuis. Enfin, après mainte hésitation, Sainte-Beuve termine cette nouvelle consultation de Panurge en lui conseillant d'essayer de son ami Théodore Jouffroy, écrivain philosophique d'une haute valeur morale, et qui se distinguait de la foule des professeurs par une sorte de grâce austère. Il convenait à merveille sur tous les points à quelqu'un qui avait assurément plus besoin de frein que d'aiguillon.

«Mon ami, je recevrai M. Jouffroy de votre main. Il doit être bon, candide, inexpérimenté pour un certain ordre d'idées où j'ai vécu et creusé, où vous avez creusé aussi, quoique beaucoup moins avant que moi. J'ai vu à sa figure qu'il pouvait avoir l'âme belle et l'esprit bien fait. Je crains un peu les hommes vertueux de naissance. Je les apprécie bien comme de belles fleurs et de beaux fruits; mais je ne sympathise pas avec eux. Les gens qu'on estime, on les craint, et on risque d'en être abandonné et méprisé en se montrant à eux tel qu'on est; les gens qu'on n'estime pas comprendraient mieux, mais ils trahissent.»

Évidemment elle est de l'avis de cette dame, qui disait à une amie: «Vois-tu, ma chère, plus je vais, plus je sens qu'on ne peut aimer passionnément que celui qu'on méprise.»

L'entrevue avec Jouffroy ne répondit-elle pas aux espérances? Je l'ignore. Sans doute Mme Sand comprit qu'en pareille matière on n'est jamais mieux servi que par soi-même, et son choix définitif tomba sur Musset. Elle n'eut pas lieu d'abord de s'en repentir, à en juger par ses lettres au confident:

«Je suis heureuse, très-heureuse, mon ami. Il est bon enfant, et son intimité m'est aussi douce que sa préférence m'a été précieuse. Ici, bien loin d'être affligée et méconnue, je trouve une candeur, une loyauté, une tendresse qui m'enivrent. C'est un amour de jeune homme et une amitié de camarade. C'est quelque chose dont je n'avais pas l'idée, que je ne croyais rencontrer nulle part, et surtout là. Je l'ai niée, cette affection, je l'ai repoussée; je l'ai refusée d'abord, et puis je me suis rendue, je suis heureuse de l'avoir fait. Vous êtes heureux aussi, mon ami. Tant mieux. Après tout, voyez-vous, il n'y a que cela de bon sur la terre.»

C'est dans le même sens qu'elle disait dans l'un de ses romans, *le Secrétaire intime*: «La seule pensée que j'y aie cherchée, c'est la confiance dans l'amour présenté comme une belle chose, et la butorderie de l'opinion comme une chose injuste et bête.»

Alfred de Musset lui-même, qui de tout temps fut en bons termes avec Sainte-Beuve, était, parfois, tenté d'aller lui conter son bonheur.

«Musset a souvent envie d'aller vous voir et de vous tourmenter pour que vous veniez chez nous; mais je l'en empêche, quoique je fusse toute prête à y aller avec lui, si je ne craignais que ce ne fût inutile.»

La lune de miel était dans tout son plein et il s'en est échappé un splendide rayon, un sonnet adressé par le poëte à son amie un jour sans doute qu'elle était irritée contre la critique. Il y répond d'avance aux attaques venimeuses dont elle a été l'objet. Pourquoi n'a-t-on pas recueilli ce sonnet dans les oeuvres complètes; il en vaut la peine et je l'ai bien, quoi qu'on en ait dit, copié dans la correspondance des deux amants:

> Telle de l'Angelus la cloche matinale
> Fait dans les carrefours hurler les chiens errants,
> Tel ton luth chaste et pur, trempé dans l'eau lustrale,
> Ô George, a fait pousser de hideux aboiements.
>
> —Mais quand les vents sifflaient sur ta muse au front pâle,
> Tu n'as pas renoué ses longs cheveux flottants,
> Tu savais que Phébé, l'étoile virginale
> Qui soulevé les mers, fait baver les serpents.
>
> —Tu n'as pas répondu même par un sourire
> À ceux qui s'épuisaient en tourments inconnus
> Pour mettre un peu de fange autour de tes pieds nus.
>
> —Comme Desdémona, t'inclinant sur ta lyre,
> Quand l'orage a passé, tu n'as pas écouté,
> Et tes grands yeux rêveurs ne s'en sont pas douté.

Août 1833.

En regard d'une si parfaite adoration, il est bon, si l'on veut savoir ce que deviennent les affections humaines, même chez les individus les plus distingués, de placer la page où l'amant trahi a, sous un voile assez léger, esquissé le portrait de sa maîtresse. Elle se trouve dans un de ses plus jolis contes, *le Merle blanc*: «Nous travaillâmes ensemble. Tandis que je composais mes poëmes, elle barbouillait des rames de papier. Je lui récitais mes vers à haute voix, et cela ne la gênait nullement pour écrire pendant ce temps-là. Elle pondait ses romans avec une facilité presque égale à la mienne, choisissant toujours les sujets les plus dramatiques, des parricides, des rapts, des meurtres et même jusqu'à des filouteries, ayant toujours soin, en passant, d'attaquer le gouvernement et de prêcher l'émancipation des merlettes. En un mot, aucun effort ne coûtait à son esprit, aucun tour de force à sa pudeur; il ne lui arrivait jamais de rayer une ligne ni de faire un plan avant de se mettre à l'oeuvre. C'était le type de la merlette lettrée.»

À ce crayon haineux, tracé par la rancune et le dépit, on peut répondre que, dans cette union de rencontre, le plus viril des deux ne fut pas l'homme. Contrairement à la tradition des Ariane, des Médée et des Didon, ce fut Don Juan que l'on planta là et à qui on laissa le désespoir et les jérémiades. *Les Nuits* sont assurément des poésies immortelles, mais elles n'attestent pas, chez celui qui les a écrites, une grande dose de masculinité. Pour l'honneur du sexe barbu, on les voudrait moins larmoyantes[13].

Les confidences entre Mme Sand et Sainte-Beuve continuèrent avec la même liberté jusqu'après l'éclat de sa rupture avec Musset. Il y avait pourtant des jours où elle trouvait que son confesseur ne lui témoignait pas une confiance égale à la sienne, et où elle lui reprochait de se dérober à l'effusion. «Personne ne comprend rien à votre vie et n'en sait les plaisirs et les peines.»

D'autres fois, elle s'irritait de certaines méfiances et du trop de crédulité accordée à de méchants propos.

«Je suis très-orgueilleuse, mon ami, et plus on dit de mal de moi, plus je deviens hautaine et concentrée. Il fallait que je vous aimasse bien sincèrement pour solliciter de vous des explications et pour vous en donner comme je l'ai fait; je ne m'en repens certes pas, puisque vous m'avez rendu votre confiance, et que rien, j'espère, ne la troublera plus; mais avec personne au monde je ne voudrais recommencer.»

Nous touchons là le vrai fond de la nature humaine, sans aucun des embellissements poétiques dont on en recouvre d'ordinaire la nudité. Ah! nous sommes loin de la Magdeleine repentante, courant au Sauveur, après quelques faiblesses, pour répandre à ses pieds les parfums de sa chevelure. Ici, la passion émancipée triomphe en souveraine et persistera jusque sous les glaces de l'âge.

N'allez pas croire cependant que l'idée de Dieu soit absente de ce coeur révolté. Elle s'y confond avec l'amour même et n'en est que le couronnement. «L'âme renferme toujours le plus pur de ses trésors comme un fonds de réserve qu'elle doit rendre à Dieu seul, et que les épanchements des tendresses intimes font seuls pressentir.»

On a souvent reproché à Mme Sand les utopies sociales dont elle ennuageait ses romans; et l'on s'est étonné que, avec tant de génie, elle se montrât si docile aux théories de gens qui lui étaient inférieurs en intelligence. On lui a même jeté à la tête le nom de Mme de Staël dont les idées, c'est certain, eurent plus de sens pratique. Mais songez donc à la différence des milieux où elles ont vécu. La fille de M. Necker eut, pour former son esprit, son père d'abord, puis les conseils de Talleyrand, de Sieyès, des plus grands hommes d'État de notre première Constituante et, plus tard, ceux de Benjamin Constant et de Camille-Jourdan, tandis que Mme Sand, élevée loin des affaires publiques, ne rencontra, à son entrée dans les lettres, d'autres inspirateurs qu'un prêtre bilieux et intolérant, et l'honnête Pierre Leroux, sorte de brahme indou égaré en plein XIXe siècle. Quoi d'étonnant que sa vive imagination se soit laissée prendre à des rêves généreux, qui n'étaient pas tous de pures illusions? Il faudrait plutôt lui savoir gré de rendre accessibles aux esprits les plus simples des systèmes abstraits et d'une compréhension difficultueuse. Elle a doré tout cela de tant de rayons, que Lamennais en paraît aimable, et Pierre Leroux amusant.

Elle ne connut ce dernier philosophe humanitaire que bien après Sainte-Beuve, avec qui il était lié depuis plusieurs années. Il eut sur tous deux une influence plus considérable qu'on ne le croirait. Elle était trop femme pour ne s'en pas coiffer aussitôt. Béranger, dans ses jours de malice, prétendait même qu'elle l'avait poussé à pondre une petite religion pour avoir le plaisir de la couver. Elle lui dut certainement l'inspiration sous laquelle ont été écrits *Spiridion*, *Consuelo*, etc. En souvenir du service, elle l'a peint sous des traits bien flatteurs dans l'*Histoire de ma vie*. J'abrège à regret la curieuse page.

«Pierre Leroux vint dîner avec nous dans la mansarde. Il fut d'abord fort gêné et balbutia quelque temps avant de s'exprimer. Quand il eut un peu tourné autour de la question, comme il fait souvent quand il parle, il arriva à cette grande clarté, à ces vifs aperçus et à cette véritable éloquence, qui jaillissent de lui, comme de grands éclairs d'un nuage imposant. Il a la figure belle et douce, l'oeil pénétrant et pur, le sourire affectueux, la voix sympathique. Il était dès lors le plus grand critique possible dans la philosophie de l'histoire, et s'il ne vous faisait pas bien nettement entrevoir le but, du moins il faisait apparaître le passé dans une si vive lumière, et il en promenait une si belle sur tous les chemins de l'avenir, qu'on se sentait arracher le bandeau des yeux comme par la main.»

Il n'y a qu'une femme, et une femme d'un tel talent, pour transfigurer à ce point le bonhomme. Sainte-Beuve, bien qu'il ne pousse pas l'engouement aussi loin,—les critiques sont de leur nature moins crédules,—avoue pourtant avoir servi de secrétaire, de truchement à Leroux, dont la plume, dit-il, n'était guère alors plus taillée qu'un sabot. En causant, il était moins sévère à son endroit et se plaisait à raconter le fait suivant:

Parmi les rédacteurs du *Globe*, quelques-uns des plus jeunes et des plus distingués, Ampère, Duchâtel, Rémusat, Vitet, avaient accès dans les salons de Talleyrand, dont l'habileté sournoise boudait la Restauration et lui était secrètement hostile. Ces messieurs, tout fiers de leur journal et des articles qu'ils y inséraient, s'attendaient chaque jour à quelque compliment du vieux diplomate. Mais comme il ne leur en ouvrait jamais la bouche, ils finirent pas croire qu'il ne le lisait pas. Un soir pourtant, ô bonheur! il rompit le silence et les félicita d'un article sur Napoléon, paru le matin même. Aussitôt de se précipiter vers la table où se trouvait le numéro. Triste déception! l'article était signé P. Leroux, celui dont personne ne faisait cas au journal, le factotum à qui on laissait la grosse besogne[14].

Sainte-Beuve, qui l'avait vu à l'oeuvre, n'avait garde de le négliger. Lui-même traversait alors sa période d'investigation et de curiosité, allant de Daunou à Cousin, puis à Victor Hugo, puis à Lamennais, à Carrel, aux saints-simoniens, etc., avide de toute nouveauté, empruntant à chaque système, à chaque école ce dont il avait besoin pour compléter son éducation personnelle et perfectionner son outil intérieur, voulant passer par des observations, par des comparaisons multipliées avant d'oser se faire un avis et de conclure. Pierre Leroux le mena à Enfantin. Sainte-Beuve prit goût à la doctrine plus qu'il ne veut en convenir: «Mes relations, que je n'ai jamais désavouées, avec les saints-simoniens restèrent toujours libres et sans engagement aucun. Quand on dit que j'ai *assisté* aux prédications de la rue Taitbout, qu'entend-on par là? Si on veut dire que j'y ai assisté comme Lerminier, en habit bleu de ciel et sur l'estrade, c'est une bêtise. Je suis allé là comme on va partout, quand on est jeune, à tout spectacle qui intéresse; et voilà tout.—Je suis comme celui qui disait: «J'ai pu m'approcher du lard, mais je ne me suis pas pris à la ratière.»

Pourquoi se défendre avec tant de vivacité? La doctrine de Saint-Simon, hormis un point ou deux, n'était pas, au fond, si extravagante. Son principe, *à chacun suivant sa capacité, à chaque capacité suivant ses oeuvres*, pourrait bien devenir un jour une loi d'organisation sociale. En vérité, nous sommes un peuple trop rétif à la nouveauté. Quiconque sort de l'ornière, heurte la routine, émet une idée qu'on n'avait pas eue encore, est sûr d'être accueilli par des sifflets ou des plaisanteries que nous croyons spirituelles. Comme ils ont dû rire parfois, les saints-simoniens, de ceux qui, au début, se moquaient de leur tentative! Si notre époque a fait un pas sérieux vers l'amélioration, au moyen des chemins de fer et par la transformation de l'industrie, à qui le doit-on si ce n'est à cette élite d'intelligences? Ils ont donné à l'activité humaine un emploi digne d'elle, et, seuls, ils ont réalisé le mot célèbre que *la foi transporte les montagnes*. Entre leurs mains nos voies ferrées, nos fabriques, notre outillage industriel, nos expositions maintiennent la supériorité de notre pays et compensent vis-à-vis des autres nations ce que nous avions perdu du côté des sciences, des lettres et de l'érudition. La France garde sa place dans le mouvement européen et continue à lui donner le branle. Tout cela grâce à eux. Bazard, Enfantin, Michel Chevalier, les Péreire, Émile Barrault, Charles Duveyrier, Félicien David, ont été vraiment les pionniers de la seconde moitié du siècle et l'ont marquée de leur empreinte. Quelques-uns, à ce jeu, ont fait fortune. Quel mal y voyez-vous, s'ils ont, en ce faisant, enrichi leur pays? Ne venez pas dire que c'est là un progrès purement matériel, la partie exclusivement physique de la civilisation. Non, l'âme et l'intelligence ont profité de ces rapprochements plus fréquents et plus rapides, du mieux être procuré au corps. Les moeurs se sont adoucies, par conséquent améliorées. Il y a moins de rusticité, plus d'instruction, et celle-ci amène toujours avec elle des conquêtes morales. Parcourez les campagnes et dites-nous si le paysan a quelque chose de commun avec l'animal farouche dont La Bruyère nous a laissé le portrait. Quant aux villes, le progrès y est si évident, que le nier serait folie.

D'ailleurs, les saints-simoniens ne se bornaient pas à se mettre à la tête de leur siècle pour attaquer avec lui la nature et la tourner au profit de l'homme. Ils voulaient encore cerner la barbarie de toutes parts, rendre les antiques civilisations plus accessibles en les expliquant, rapprocher les religions et les sectes pour détruire le fanatisme, obtenir la vraie tolérance, le respect et le ménagement de l'opinion adverse, amener par une meilleure entente des intérêts un adoucissement dans les rapports des classes jusqu'ici hostiles, affranchir le prolétaire par degrés et sans trop de secousses, rendre à la femme une justice meilleure et l'émanciper peu à peu de son éternel servage.

N'était-ce pas là un programme magnifique, une oeuvre digne des esprits les plus élevés et des plus nobles coeurs? Par l'humilité de sa naissance et l'embarras de sa fortune, P. Leroux était voué, mieux que personne, à une doctrine d'émancipation. Fils d'ouvriers, ayant fait ses études au lycée de Rennes avec une bourse de la ville de Paris, il s'était vu forcé de renoncer au bénéfice de son admission à l'École polytechnique par la mort de son père, qui laissait dans la misère une veuve et trois jeunes enfants. Pour les nourrir, P. Leroux avait travaillé de ses mains, entrepris divers métiers sans jamais renoncer à l'étude ni aux livres. Vivant parmi la gent laborieuse, il en connaissait les besoins, les voeux, et compatissait de coeur et de corps à ses souffrances. Par malheur, c'était un de ces génies qui n'ont pour eux que l'idée sans le pouvoir de la rendre, qui ont besoin d'être expliqués, commentés, tirés au clair par quelqu'un dont la pensée porte avec elle son expression. De préférence, il semblait attiré vers les plus ténébreuses régions de l'histoire et les problèmes les plus ardus. Invité par Buloz à écrire dans *la Revue*, il lui apporta un article sur l'idée de Dieu à travers les âges. «Eh miséricorde! s'écria le directeur, que voulez-vous que j'en fasse? Dieu, mon cher, ça manque d'actualité.» Malgré cette rebuffade, il n'en persista pas moins dans ses recherches. La philosophie est une gymnastique de l'esprit utile peut-être dans la jeunesse, pour agiter les grandes questions sans être obligé de les résoudre, mais qu'il est bon de planter là pour entrer dans le sérieux de la vie et la pratique des affaires. Leroux ne put jamais s'y résoudre. Persuadé que l'univers se bonifie, comme le vin, en vieillissant, et que la nature humaine, par une série de métempsycoses, se rapproche de plus en plus de la perfection, il était en quête d'une religion nouvelle et en cherchait les éléments dans l'histoire, afin de remplacer le christianisme, dont la sève, croyait-il, est épuisée, et qui a produit tout ce qu'il pouvait fournir pour l'avancement de l'humanité.

Je ne voudrais rien exagérer et ne pas attribuer à P. Leroux une influence plus grande qu'il ne l'eut sur ses contemporains; mais il m'a semblé juste d'indiquer la source des tendances que nous verrons se dessiner en avançant dans le caractère et dans les écrits de Sainte-Beuve. Il a lui-même avoué, avec sa bonne foi habituelle, une partie de ce qu'il dut à cette école. «Le saint-simonisme que j'ai vu de près et par les coulisses m'a beaucoup servi à comprendre l'origine des religions avec leurs diverses crises, et même (j'en demande bien pardon), Port-Royal et le christianisme.» Ce n'est pas assez dire, il y reçut le baptême, ou si vous aimez mieux, la confirmation d'une foule d'idées et de sentiments qui existaient en germe dans sa nature généreuse, mais qui pouvaient bien ne pas se développer sans cette initiation. Quant à Pierre Leroux, ce fut proprement pour lui un précurseur à qui il reconnaît une intelligence supérieure, une puissance confuse, un cerveau ubéreux[15], dont il profita pour faire sa provision d'idées, et qu'il s'appliquait à traire comme une vache.

Dire qu'un motif semblable l'attira dans le salon de Mme Récamier, ce serait peu galant. Il est de bon ton, quand on parle aujourd'hui de cette reine des élégances, de pousser des «oh!» et des «ah!» d'admiration, de verser un pleur de regret sur l'époque, hélas! disparue, qui la posséda. Ne soyons point si élégiaques, et, tout en rendant justice à l'oeuvre de civilisation qu'elle accomplit, sachons la voir dans la vérité de son rôle.

Son principal mérite, on le sait, fut un vice d'organisation physique. La nature lui avait refusé de se donner tout entière, et aucun de ses adorateurs ne put franchir la barre qui défendait sa vertu. «Si elle avait une seule fois aimé, disait Mme Swetchine, leur nombre à tous en aurait été considérablement diminué.» Mais une déception commune les retint groupés autour d'elle, comme avares autour d'un trésor sur lequel nul ne peut mettre la main et que personne ne veut céder à un autre. L'apaisement, à la fin, se fit parmi eux, et ils trouvèrent dans les charmes de son amitié une douceur continue, préférable aux orages et aux jalousies de l'amour. «Rien ne peut rendre l'attrait que ce monde avait pour tous ceux qui y étaient une fois entrés. L'esprit, le coeur, le talent, l'amour-propre, tout en vous y trouvait des points d'appui multipliés, de fins et flatteurs encouragements, de légers avis enveloppés d'éloges. Rien n'était oublié de ce qui pouvait plaire et mettre de la douceur dans les moindres choses. Comment ne pas se rendre aux marques d'un intérêt si suivi, si motivé?»

Chateaubriand, que sa propre femme excédait, ainsi que la plupart des maris, trouva fort commode, après 1830, de passer ses après-midi auprès de cette enchanteresse, dans le demi-jour mystérieux d'un sanctuaire dont il devint aussitôt l'idole. Autour de lui, Mme Récamier retint ses anciens amis et réunit une élite d'écrivains et de gens du monde, qui exerça sur les lettres une réelle influence et fit de ce salon l'antichambre de l'Académie.

Il est naturel que Sainte-Beuve ait profité, dans l'intérêt de ses études, peut-être même de son ambition académique, de la faveur avec laquelle on l'y accueillit. N'a-t-on pas comparé le critique au buisson des routes qui enlève un flocon de laine à tous les moutons qui passent? Encore faut-il que les moutons soient à portée de sa main. Si la société qu'il veut peindre disparaissait au moment où lui-même a eu l'âge d'homme, il en est réduit à tout deviner sur de vagues ouï-dire. Rien de tel, pour l'informer exactement, qu'un témoin contemporain. Mme Récamier lui fut donc une source de précieux renseignements sur les salons du XVIIIe siècle, sur les personnages de la Révolution et de l'Empire qu'elle avait connus. Elle lui représentait, comme plus tard Mme de Boigne, une longue série et un choix parfait de souvenirs.

Caillette émérite, elle aimait à chuchoter, à l'oreille de son curieux visiteur, les aventures de sa jeunesse, les amoureux qu'elle avait désespérés, les feux qu'elle avait imprudemment allumés sans pouvoir les éteindre. Et lui, qui a eu le don de tout dire avec grâce, nous rend comme un écho discret de ces confidences: «Tous ces hommes attirés et épris n'étaient pas si faciles à conduire et à éluder. Il dut y avoir autour d'elle, à de certaines heures, bien des violences et des révoltes, dont cette douce main avait peine ensuite à triompher.»

Elle consentit même à lui faire lire bon nombre de lettres de Mme de Staël; elle ne put cependant lui communiquer la correspondance amoureuse de son amie avec Benjamin Constant, car celui-ci l'avait vendue pour cent mille francs à la duchesse de Broglie. Quel vieux séducteur ne voudrait, à ce prix, céder tous ses galants messages?

J'ai entendu quelquefois demander si Sainte-Beuve avait de l'esprit en causant. *Les Lundis* suffisent, ce me semble, à décider la question et laissent entrevoir quel imprévu, quel charme avait sa parole dans l'intimité, lorsqu'il donnait libre carrière à la verve et n'était plus gêné par l'appréhension du public. Plume en main, il cheminait prudemment, crainte des piéges, et se dérobait dans les sous-entendus. Mais tout auditeur devenait aussitôt pour lui un ami auquel il se livrait avec abandon. Sa mémoire immense, et d'une sûreté sans égale, lui permettait d'être neuf sur n'importe quel sujet. Vous ne pouviez citer de nom propre sans éveiller aussitôt une foule d'anecdotes, de mots caractéristiques, de détails particuliers et des plus curieux. On jouissait, en l'écoutant, des excellentes lectures dont il était nourri, et le désir de le revoir survivait à la curiosité satisfaite. À quelque endroit que l'on frappât, la source jaillissait abondante et vive. Ce n'était pas un de ces beaux parleurs, suffisants et contents d'eux-mêmes, qui accaparent à leur profit l'attention d'un cercle; il excellait, au contraire, à faire valoir ses partners et avait assez d'esprit pour en laisser aux autres. Mais il ne manquait pas la balle dès qu'elle lui venait. Provoqué par l'éclair d'une répartie, il dégainait sa fine lame et devenait éblouissant d'escrime. Jamais, il est vrai, de gaîté trop vive ni de gaudriole; à cette nature décente et digne ne convenait qu'un entretien sérieux, qui sait rire à propos et égayer le bon sens.

Quoiqu'il s'interdît le bel esprit et les *concetti*, il ne les détestait pas en autrui et accueillait même assez volontiers les gens qui en font profession. La porte de son cabinet s'est ouverte, pendant un certain temps, à l'un des plus qualifiés en ce genre, à M. Barbey d'Aurevilly, malgré l'antipathie des caractères et l'hostilité des opinions.

Nous avons tous peu ou prou vu passer ce personnage drapé dans sa limousine à raies voyantes, et la taille pincée dans une redingote, à la mode de l'an prochain. Qu'il était fier sous son feutre à larges bords, portant haut la tête et coupant l'air de la pointe de ses moustaches! De l'Odéon à la rue de Rennes, il s'espaçait majestueusement, comme un coq sur ses ergots, battant le trottoir du talon de ses bottes, et suivi à distance du timide Nicolardot. Puis le soir, au *Café de Bruxelles*, quel feu roulant de paradoxes devant la table où l'écoutaient des étudiants ébahis! Quel carnage de réputations! Quels propos gaillards, de mauvais goût et de mauvais lieu, au service de la sainte cause!

Rue Montparnasse, en présence du maître ès-conversation, l'audace et le brio redoublaient. Une fois sa verve excitée, le feu d'artifice sur ses lèvres ne cessait pas. Pendant la demi-heure accordée à sa visite, c'était merveille de l'ouïr, merveille de le voir exécuter des sauts vertigineux sur le tremplin de la métaphore. Sainte-Beuve assistait souriant et poussant par intervalle des «oh!» de surprise, ou lançant quelque trait vif afin d'activer la flamme. En songeant à son article, il saisissait au vol çà et là un mot piquant ou fin dans ce torrent de fatuité et d'extravagances. Son effet produit, Barbey prenait congé et l'on ouvrait portes et fenêtres pour dissiper l'odeur de patchouli qu'il semait derrière lui. Cependant, au bout de quelques mois de cet exercice, le maître le remercia, préférant s'exposer au fléau de sa haine qu'à celui de sa familiarité[16].

VII

COURS DE PORT-ROYAL PROFESSÉ À LAUSANNE.—
MONSIEUR ET MADAME JUST OLIVIER.

Chacun de nous, quand les rares éclaircies de la vie tourmentée qui nous est faite lui laissent le loisir de songer à l'autre monde, s'en va en imagination à son penchant favori, à son délire préféré, et choisit sa place parmi les morts de son état. Napoléon mourant croyait voir flotter dans un nuage les grands capitaines, ses compagnons, qui l'avaient précédé au tombeau: «Je vais, disait-il, rejoindre Kléber, Desaix, Lannes, Masséna, Bessières, Duroc, Ney! Ils viendront à ma rencontre, ils ressentiront encore une fois l'ivresse de la gloire humaine.»

Une lubie semblable ayant un jour traversé le cerveau de Sainte-Beuve, lui a fait écrire les lignes suivantes:

«Je me fais quelquefois un rêve d'Élysée; chacun de nous va rejoindre son groupe chéri auquel il se rattache et retrouver ceux à qui il ressemble: mon groupe à moi, je l'ai dit ailleurs, mon groupe secret est celui des adultères (moechi), de ceux qui sont tristes comme Abbadona[17], mystérieux et rêveurs jusqu'au sein du plaisir et pâles à jamais sous une volupté attendrie.»

En termes plus prosaïques, il avoue qu'il a donné souvent des coups de canif dans le contrat d'autrui, qu'il a plus d'une fois dans son existence complété le trio conjugal plaisamment célébré dans le roman populaire qui a pour titre: *La Femme, le Mari et l'Amant*.

Ces associations, connues sous le nom de ménage à trois, sont devenues si communes dans toutes les classes de la société, qu'il n'y a plus lieu de s'en scandaliser. Est-ce un bien? est-ce un mal? C'est un fait: je dirai plus, c'est presque une institution.

Le rôle le plus difficile à tenir dans cette trinité de création récente, est celui de l'amant. Le mari s'en tire sans trop de peine. Il lui suffit d'affecter une confiance aveugle ou un superbe dédain qui le mettent au-dessus du léger désagrément. La femme est déjà plus empêchée; il lui faut parer à tout et persuader à chacun des co-partageants qu'il est seul maître et souverain. On peut, il est vrai, s'en remettre à la dextérité féminine du soin de faire à la fois deux heureux. Quant à l'amant, il joue un ingrat personnage. S'il veut trop exiger, il devient odieux; et ridicule, s'il s'efface complètement. Sainte-Beuve est toujours sorti victorieux de cette épreuve délicate. Obtenant peu, demandant moins encore, et pourtant satisfait, tel il se montre à nous dans ces mystères de l'alcôve où il nous introduit. Je ne vois pas qu'il ait jamais été sérieusement mordu du coeur de la jalouse rage que Feydeau a si pompeusement décrite dans *Fanny*. Tout au contraire, l'époux, dans sa majesté, ne lui inspirait que déférence et respect. Avec quel art il s'insinuait dans sa confiance! de quel miel savoureux il lui adoucissait la coupe amère! Ceux-là seuls qui l'ont vu à l'oeuvre pourraient le dire. Le foyer où se réchauffaient ses sens et sa tendresse lui devenait sacré. Il s'inclinait humblement devant la supériorité du mari, embouchait la trompette en son honneur et redisait son nom aux échos d'alentour. Pour augmenter le bien-être du nid étranger où il déposait ses oeufs, nul effort ne coûtait à son zèle, nul fardeau ne lui semblait trop lourd. Sans grande ambition pour son propre compte, il devenait, au profit de la communauté, hardi, entreprenant, plein d'idées lucratives, capable de fonder la *Revue des Deux-Mondes* ou de créer le format *Charpentier*, si ce n'eût été déjà fait.

Nous l'avons laissé au moment de son départ pour Lausanne, où il allait arracher de son coeur un reste de passion pour Mme X... et se déprendre, par l'éloignement, des charmes de l'infidèle. D'autres raisons l'y conduisaient encore. Attiré vers le catholicisme par les exigences de son premier amour, il en avait étudié d'abord les ressources poétiques, puis la doctrine même et les luttes qu'elle a suscitées. C'est ainsi qu'il en vint à se préoccuper de la fameuse question du jansénisme qui a tant agité le XVIIe et le XVIIIe siècle et qui se continue de nos jours sous une forme différente. Il ne fallait pas songer à exposer un sujet si particulier devant un public parisien, trop enclin à la raillerie et peu soucieux de ce qui touche aux questions théologiques. On avait depuis si longtemps perdu de vue *Port-Royal* et ses solitaires qu'il était impossible d'y intéresser. «Les Français, disait Sainte-Beuve, aiment à apprendre ce qu'ils savent. Quant à ce qu'ils ignorent, c'est différent. Que de peine pour leur insinuer une idée neuve! à combien de quolibets on s'expose!»

Aujourd'hui même, avouons-le, parmi les admirateurs de l'éminent critique, le plus grand nombre s'en tient à ses *Lundis*, bien qu'il ne mît qu'une semaine à les improviser, et n'a jamais pu mordre aux six forts volumes de *Port-Royal*, monument solide, qu'il regardait comme son oeuvre capitale et qu'il a mis vingt ans à édifier. Que vous dirai-je? Le morceau est un peu gros pour la délicatesse de nos estomacs[18].

L'air de leurs montagnes rend celui des Suisses plus robuste. Aussi le flair subtil de Sainte-Beuve devina-t-il qu'il y avait là-bas un public à souhait pour un tel cours. Il ne se trompait pas. Le canton de Vaud se trouvait justement agité alors par le mouvement de renaissance religieuse au sein du calvinisme connu sous le nom de *Réveil*. Saisir cet à-propos était un coup de maître.

Si le titre même de ces esquisses ne me détournait des sujets sérieux, je dirais comment le nouveau professeur arrive à Lausanne dans l'automne de 1837, avec une telle cargaison de livres qu'il en encombre la cour de l'hôtel où il descend.

Je le montrerais aussitôt à l'oeuvre, écrivant ses leçons et allant, vêtu d'un manteau de poète, les débiter avec un accent picard, une voix vibrante, une tendresse de coeur qui ôtent toute sécheresse à ses dissections infinies, triomphent de l'aridité du sujet et lui gagnent son auditoire.

Je décrirais les longues files d'étudiants et de messieurs gravissant l'escalier du marché pour atteindre au sommet de la colline sur laquelle est perchée l'Académie, en compagnie des dames et demoiselles à qui la galanterie du professeur a ouvert les portes du sanctuaire.

Je suivrais le retentissement du cours jusque dans les cafés de la ville, où tous les soirs un grand diable de loustic parodie, monté sur une table, la leçon du jour, singeant, à la grande joie des badauds réunis autour de lui, la voix et les tics de l'historien de Port-Royal.

Je citerais la satire indignée qu'un certain Delacaverne lança contre ces profanateurs, et dont Sainte-Beuve eut le bon sens d'empêcher la publication.

Dans un épithalame final, je chanterais Io! Hymen! Hyménée! en l'honneur des jeunes garçons et des jolies fillettes, qui avaient profité de leurs rencontres au pied de la chaire pour échanger des oeillades, des serrements de mains, qui sait? peut-être des billets doux, et qui terminèrent l'année par d'heureux mariages ou des fiançailles pleines de promesses, seul résultat un peu gai que le jansénisme ait jamais produit.

Mais tous ces faits et bien d'autres encore sont plutôt du domaine de la biographie. Je craindrais qu'on ne trouvât pas à les lire le plaisir que j'aurais à les raconter. Revenons donc à notre sujet, c'est-à-dire à l'homme privé et à ses amours.

Il était doué d'une énergie peu commune. Aucun labeur, si rude fût-il, ne parvenait à l'écraser. Même après la cinquantaine, à l'époque où j'eus l'honneur d'être admis auprès de lui, il pouvait encore égayer ses travaux de quelques distractions. Que de fois, les soirs d'été, après une longue journée passée sur les livres, l'ai-je vu sur le point de succomber à la fatigue! Tandis que je lui lisais l'ouvrage dont il avait à parler, sa paupière alourdie se fermait; il dodelinait de la tête et, me tendant avec effort le bout de ses doigts alanguis: «Adieu, disait-il d'une voix éteinte, à demain, je n'en puis plus.» Je le quittais, persuadé qu'il allait se mettre au lit et y dormir d'un sommeil de plomb. Quel n'était pas mon étonnement de le rencontrer une heure après sur le trottoir, frais et pimpant, le pardessus au bras, le nez au vent et lorgnant avec délices toutes les femmes qui passaient à portée de son regard.

À Lausanne, il était plus jeune et partant plus actif. Son premier soin fut de reconnaître le pays. La ville, agréablement étagée sur les bords du Léman, est en outre entourée de vignes, de vergers et de prairies qui présentent un charmant coup d'oeil. Quoique la plupart des rues, à cause de leur pente rapide sur la colline où elles sont bâties, soient de véritables casse-cou et tournent le dos au soleil et au lac, on y respire un air d'aisance, de bien-être bourgeois. Même pour un homme habitué aux plaisirs de Paris, c'est, à tout prendre, un supportable lieu d'exil.

Voltaire, qui y passa trois hivers (1755-1758), s'y plut beaucoup et en trouva les habitants à son gré. Il fut agréablement surpris de leur voir un goût pour l'esprit qu'il contribua à développer, mais qu'il n'avait pas eu à créer: «On croit chez les badauds de Paris, écrivait-il, que toute la Suisse est un pays sauvage; on serait bien étonné si l'on voyait jouer *Zaïre* à Lausanne mieux qu'on ne la joue à Paris... Il y a Suisses et Suisses. Ceux de Lausanne diffèrent plus des petits cantons que Paris des Bas-Bretons.»

Sainte-Beuve y fit d'abord de fréquentes promenades, qu'il dirigeait tantôt vers un gracieux coteau couvert d'arbres fruitiers qui descend en pente douce vers le lac, tantôt du côté du bois de Rovéréa qui domine la ville. Il s'y reposait souvent sous un orme qu'il a chanté:

> Étrange est la musique aux derniers soirs d'automne,
> Quand vers Rovéréa, solitaire, j'entends
> Craquer l'orme noueux et mugir les autans
> Dans le feuillage mort qui roule et tourbillonne.

C'est de là sans doute qu'il songeait aux grands écrivains dont la présence avait illustré ces lieux avant lui.

«Là, me disais-je, Rousseau jeune a passé. Plus tard, son souvenir ému y désignait, y nommait pour jamais des sites immortels. Là-bas, Voltaire a régné, Mme de Staël a brillé dans l'exil. Byron, dans sa barque agile, passait et repassait vers Chillon. Ici-même, Gibbon accomplissait avec lenteur l'oeuvre historique majestueuse conçue par lui au Capitole.»

Le plus beau paysage ne tarde pas à paraître insipide, si l'on est seul à le contempler; d'ailleurs, quand le soleil se couche, il est bon de trouver un logis où passer la soirée. Sainte-Beuve aimait la solitude par intermittence, mais ne trouvait que dans le monde l'emploi de ses brillantes facultés. Sauvage par nature sans être timide, il eut bientôt une maison à lui, un lieu d'asile où il put causer, rimer, aimer en toute liberté.

Parmi ses collègues de l'Académie était un professeur d'histoire, Just Olivier, qui, venu à Paris pour le voir en 1830, n'avait pas cessé de correspondre avec lui et s'était employé à le faire nommer à Lausanne. Il avait épousé une aimable Vaudoise, fraîche, rieuse, intelligente, poëte même, une vraie Claire d'Orbe en chair et en belle humeur. Ce qui la rendait plus piquante était un certain tour d'esprit mêlé de sérieux et de gaîté, naturel et travaillé à la fois, très-capable de raisonnement, d'étude, de dialectique même, vif pourtant, assez imprévu et nullement dénué d'agrément et de charme. Cette nature de femme est loin de déplaire, quand on la rencontre sur les gradins des collines étagées autour du Léman.

M. et Mme Just Olivier, mariant leur idéal poétique ainsi qu'ils avaient uni leurs destinées, publièrent un volume de vers intitulé: *Deux Voix*. Cela fit dire aux malins du pays qu'il n'y en avait qu'une de *juste*, qui n'était pas celle du mari. Quoi qu'il en soit, les deux époux, flattés de voir un écrivain supérieur, déjà célèbre à plusieurs titres, leur donner la préférence, venir à eux et leur offrir son amitié, l'accueillirent avec transport, le mirent de toutes leurs parties de plaisir et ne firent bientôt qu'un avec lui. On les vit souvent tous trois parcourir les sites enchanteurs et les bords du lac, devisant de poésie et jouissant ensemble de ce doux climat qui invite à l'amour.

Les jours où l'Académie leur donnait congé, les trois inséparables poussaient jusqu'à Eysins, petit village des environs, où demeurait le père d'Olivier. Là, Sainte-Beuve émerveillait ces bonnes gens par la rondeur de ses manières et par de spirituelles saillies. Il se montrait bon enfant, heureux de s'asseoir à la table rustique et ne trouvant à redire qu'à la grosseur des gâteaux dont on lui servait d'énormes tranches. Il leur confiait ses projets, ses espérances et le regret de n'avoir pu amener avec lui sa vieille mère, trop âgée pour quitter Paris. Elle ne laissait pas de trembler sur les dangers que ses goûts d'aventure pouvaient lui faire courir: «Pourvu qu'il me rapporte ses deux oreilles, disait-elle, je ne lui en demande pas davantage.»

Sainte-Beuve lisait à ses amis les lettres qu'il en recevait et où se rencontraient de comiques méprises. Son fils lui ayant écrit qu'un ouragan s'était déchaîné sur Lausanne et avait emporté plusieurs *cheminées*, elle lut de travers et répondit: «Eh quoi! mon enfant, le vent t'a enlevé tes *chemises*. Te voilà donc nu comme un petit saint Jean.» On riait de son erreur, tout en croquant les oeufs et les poulets du père Olivier. Quand la chaleur devenait trop forte, l'invité se couchait sans gêne, au grand scandale des propriétaires, dans l'herbe des prés, en pleine fleur d'esparcette et de sainfoin.

Entre temps, les deux amis, laissant Mme Just à la ferme, partaient pour quelqu'un de ces hauts plateaux d'où l'on jouit du magnifique panorama des Alpes et du lac. Mais, arrivé à mi-côte, le Parisien, dont le petit pied et la fine chaussure souffraient au contact des cailloux, laissait le Suisse escalader seul ses cimes ardues et, assis à l'ombre, rimait un sonnet ou aiguisait une épigramme. Si complaisant qu'il voulût se montrer à l'ami qui l'admettait dans son intérieur, il est des fatigues qu'il se refusait à partager; son tempérament répugnait à l'excessif. Quel souvenir pénible lui était resté des nombreuses ascensions que l'infatigable Victor Hugo, doué d'un jarret d'acier, l'avait forcé de faire avec lui, au temps de leur grande intimité, sur le haut des tours de Notre-Dame[19], pour contempler les couchers de soleil dont le poëte des *Chants du crépuscule* traduisait ensuite la splendeur en ses vers! «J'ai gardé de mes vieilles habitudes littéraires, soupirait-il plus tard, le besoin de ne pas me fatiguer et même le désir de me plaire à ce que j'admire.»

VIII

SAINTE-BEUVE REFUSE D'EMBRASSER LE CALVINISME.— CHRONIQUES PARISIENNES.

L'agrément de ce séjour à Lausanne n'allait pourtant pas sans quelques ennuis. L'historien de Port-Royal ne cessa même d'y être poursuivi par une tracasserie à laquelle nous aurions peine à croire, si elle n'était attestée par de nombreux témoignages, et qui dut contribuer à hâter son départ: les Suisses, quelle folie! s'étaient mis dans la cervelle de le convertir au protestantisme.

Pour comprendre un si étrange dessein, il faut se représenter Sainte-Beuve, avec sa politesse de bon goût, sa douceur de caractère, sa complaisance à entrer dans les idées des autres et à ne les contredire en rien. S'étant convaincu de bonne heure que la nature est plus grande et plus variée qu'elle ne l'avait prouvé en le créant, et n'ayant pas la fatuité naïve de se prendre pour le patron universel, il ne se croyait pas tout l'esprit en partage; il admettait fort bien qu'on eût des opinions différentes et même opposées; il entrait au besoin dans ces opinions pour les comprendre, les expliquer, en retirer la parcelle de vérité qu'elles peuvent contenir, et il vous les commentait si intelligemment que vous finissiez par croire qu'il les adoptait. De là un malentendu parfois plaisant.

En général, les gens s'imaginent avoir en eux tout le bon sens et la vérité possible. Quand ils discutent avec vous, ils n'écoutent qu'eux-mêmes, prennent vos politesses pour des avances, et votre silence pour un acquiescement. En entendant Sainte-Beuve exposer avec tant de feu les ardeurs religieuses des nonnes et des solitaires de Port-Royal, on se persuada qu'il en partageait les croyances. De janséniste à calviniste il n'y a que la main. Il fallait donc lui faire franchir le pas. Chacun s'y employait avec zèle et le sermonnait de son mieux. On comptait beaucoup pour le succès de cette bonne oeuvre sur M. Vinet, le grand homme de ce petit monde, qui était arrivé à Lausanne en même temps que Sainte-Beuve, dont celui-ci estimait la haute valeur morale et auquel il témoignait toutes sortes de respect.

D'après ce qu'on dit de M. Vinet, il devait avoir trop de tact et d'intelligence pour accepter pareille mission. Proposer à un homme d'honneur de changer de religion, c'est lui faire la plus mortelle injure. Les dévots, dans leur ridicule suffisance, ne comprennent pas cela. Aussi les âmes pieuses ne cessaient d'assiéger M. Vinet, qui avait le tort de se prêter à ce rôle, lui demandant: «Eh bien! est-il converti?» À quoi il répondait avec impatience: «Si vous voulez savoir le fond de ma pensée, je le crois convaincu et non pas converti.»

Bien entendu, Sainte-Beuve n'était ni l'un ni l'autre. Il n'avait jamais vu dans ces combinaisons réputées divines que les plus belles des illusions ou, si vous voulez, des espérances humaines. Sa parole n'excédait pas sa pensée et les réserves y étaient toujours présentes. Cela ne l'a pas empêché d'être jusqu'à la fin en butte aux importunités des convertisseurs. On l'attaquait de plus d'un côté; il avait à repousser à la fois les assauts de Genève et ceux de Rome. Un an avant sa mort, une demoiselle suisse, du nom de Couriard, lui ayant écrit pour l'endoctriner encore, il répondit:

«Pourquoi donc me prêchez-vous? qu'ai-je fait pour cela? Laissez-moi vous soumettre une singularité qui me frappe.

«J'ai à Boulogne-sur-Mer une cousine, une vieille cousine de beaucoup d'esprit, qui s'était mise, il y a deux ans, à rentrer avec moi en commerce de lettres, renouant ainsi avec mes souvenirs d'enfance. Et puis, tout d'un coup, un jour, elle m'a proposé de me recommander aux prières de tout un couvent, dont la supérieure, disait-elle, était une de nos parentes. En un mot, elle a fait preuve à mon égard du zèle catholique et monastique le plus intempestif et le plus déplacé. Je le lui ai dit.

«Or, comment se fait-il aujourd'hui qu'il m'arrive de Genève, et d'un côté non catholique, la même insinuation, la même tentative de prédication? Il y a de quoi faire réfléchir un philosophe.»

Peut-être oublie-t-il d'avouer que plus d'une fois il a donné des espérances de conversion aux jolies prêcheuses de Lausanne, afin d'obtenir d'elles la même récompense que lui avait value son adhésion momentanée au parti catholique?

Lorsque, au lieu de femmes ou de demoiselles, il avait affaire à des hommes, comme il n'y avait pas de compensation gracieuse à espérer, le ton devenait plus vif; il me semble l'entendre:

—Pourquoi m'adressez-vous un sermon? Est-ce que je me permets de vous en adresser un, à vous? Et pourquoi les choses ne seraient-elles pas égales entre nous? Vous avez pitié de moi et de mon malheur, je vous en remercie, mais qui vous a dit que j'étais si à plaindre? Vous jouissez des consolations que vous donne la foi, laissez-moi celles que je tire de la philosophie. Vous me vantez les beautés du christianisme et voulez me les faire comprendre: qui vous a dit que je ne les comprenais pas? Ce ne serait pas du moins faute d'étude. De quel droit m'appelez-vous *athée*, injure banale dont les orthodoxes de tous les temps ont voulu flétrir ceux qui les gênaient. Lisez mes écrits, vous y trouverez plus de doutes que d'affirmations sur les choses que je ne sais pas. Ne croit pas à la révélation qui veut. Bornez-vous à ignorer ce que je pense et ce que je sens. Vous ne savez si je suis gallican ou ultramontain, ou janséniste ou catholique, ou calviniste, pas plus que vous savez si je suis philosophe idéaliste ou naturaliste. Tenez-vous-en là. Notre monde est plein d'empressés qui vous invitent à la foi, sans s'apercevoir qu'eux-mêmes en changent plus souvent que de chemise. Je ne rencontre que gens qui me disent: Vous ne croyez à rien!—En effet, monsieur, car je ne crois pas à vous. M'est-il jamais venu à la pensée d'ôter ou de diminuer la croyance chez qui la possède? Traitez-moi donc comme je fais les autres. Je ne tracasse personne, qu'on me laisse en repos: ce n'est pas trop demander, je pense?

Son cours terminé, Sainte-Beuve revint en France et se replongea aussitôt dans le courant de la vie parisienne, son élément véritable. Il n'oubliait pas cependant les amis qu'il avait laissés au bord du Léman, et il se rappelait à leur souvenir par des lettres fréquentes. Quelques extraits de cette correspondance nous donneront une idée exacte de la tendresse de ses sentiments pour eux et de l'intimité de leurs relations.

«Cher Olivier, je suis tenté… de quoi? de retourner passer un hiver à Lausanne pour achever *Port-Royal*. J'ai ici des habitudes trop prises, trop chères même, à rompre. Si j'avais plus de vigueur, je me donnerais peut-être encore auprès de vous une année de travail et de solitude…

Je voudrais bien passer encore avec vous, chers amis, quelques-uns de ces jours qui appartiennent au coeur; le fait est que le coeur ici est supprimé. On ne trouve plus de temps pour rien dans ce flot de monde. Oh! tout cela me mènera-t-il à quelques années d'une vie cachée et solitaire avant la mort? Je me le figure par moments, mais je ne prends guère le chemin direct.

Oh! quand le calme et la vie paisible! Dans l'autre vie ou dans je ne sais quel automne passé auprès de vous.»

Ne dirait-on pas, à l'entendre, qu'il vit à Paris malheureux et désolé comme un ramier exilé de son nid? En réalité, il s'était, suivant sa coutume, remis à l'étude de plus belle, sans compter que le coeur, puisque coeur il y a, ne chômait pas, ainsi que nous le verrons plus tard. Ces poëtes ont une façon de dire qui, tout en étant sincère au fond, ne laisse pas de donner le change.

Il ne s'en tint pas à de purs témoignages platoniques; son esprit inventif trouva bientôt le moyen de rendre service aux deux époux. Ceux-ci, tentés par l'ambition, avaient acheté la *Revue Suisse* qu'ils rédigeaient et administraient en commun. Lui-même ne tarda guère à les aider de ses conseils, de son expérience et aussi de son active collaboration. Il leur écrivait à ce sujet:

«Je reviens aux affaires qui, pour moi, se rejoignent aux affections. Tâchez de fonder là-bas quelque chose, un point d'appui quelconque, un organe à la vérité: je serai tout à vous. Ce que Voltaire a fait à Ferney avec son génie et ses passions, pourquoi ne le fonderait-on pas à Lausanne avec de la probité et du concert entre trois? Faites-nous là-bas bien vite une patrie d'intelligence et de vérité; je vous aiderai ici de tout mon pouvoir et peut-être un jour de plus près, durez seulement. Je voudrais être plus libre que je ne suis. Si je l'étais un jour, et si cette Revue allait et durait, on pourrait y établir quelque rêve.» On le voit, il les berçait de l'espoir qu'il irait un jour se fixer auprès d'eux.

Les époux Olivier avaient compté que, grâce à leurs talents conjoints, cette publication ferait du bruit en France et y conquerrait des abonnés. Sainte-Beuve se hâta de leur enlever cette illusion, de leur montrer que le public auquel ils devaient s'adresser était la société cosmopolite qui, de tous les points de l'Europe, afflue en Suisse ou y passe pour se rendre en Italie.

«Figurez-vous bien qu'on ne lit pas ici la *Revue Suisse*. Ce n'est jamais à Paris qu'elle trouvera ni lecteurs ni abonnés. Il faut partir de là. Je vous assure que c'est ma conviction intime, quand même je n'y serais pas intéressé. Son public, auquel elle doit viser de plus en plus, c'est le dehors, c'est la Suisse et l'Allemagne: Suisse allemande et française et ce qui s'en suit. Conquérons ce champ, s'il se peut; vouloir faire d'ici un centre, c'est une chimère. Laissons là Paris et visons à Appenzel. La gloire au bout du compte s'y retrouverait.»

Enfin, prenant part à la rédaction du recueil, il se mit à leur expédier régulièrement des *Chroniques parisiennes* pleines de vivacité, de mordant, de malices, où il se permettait de dire autre part qu'aux roseaux:

Midas, le roi Midas, a des oreilles d'âne.

Recueillies depuis en volume, elles se font lire encore avec plaisir, bien que l'intérêt de ce genre de littérature diminue à mesure que l'on s'éloigne des événements qui y ont donné lieu.

Dans un de ses *Nouveaux Lundis*, il explique fort clairement le plaisir qu'il prit à cette collaboration clandestine:

«On peut, avec probité et sans manquer à rien de ce qu'on doit, bien voir à Paris sur les auteurs et sur les livres nouveaux ce qu'on ne peut imprimer à Paris même à bout portant, et ce qui, à quinze jours de là, s'imprimera sans inconvénient, sans inconvenance, dans la Suisse française. Je l'ai éprouvé durant les années dont je parle (1843-1845). J'avais en ces pays un ami, un de ceux de qui l'on peut dire qu'ils sont unanimes avec nous, un autre moi-même, M. Just Olivier, et nous nous sommes donné le plaisir de dire pendant deux ou trois ans des choses justes et vraies sur le courant des productions et des faits littéraires. On le peut, on le pouvait alors sans être troublé, ni même soupçonné et reconnu.»

Il n'était pourtant pas sans inquiétude à ce sujet. En envoyant ses chroniques à Lausanne dans le plus grand secret, il n'oubliait pas de recommander la prudence. «Donnez-le comme tiré de vous-mêmes, tiré des journaux; enfin, qu'il y ait un double rideau de mon côté. Je vous dirai que je ne suis pas sans quelque souci pour cette chronique. Ma position personnelle est très-bonne, quand je ne vais pas dans le monde et que je boude. Alors j'ose. Quand j'y retourne, quand je suis repris, alors je deviens plus timide.»

Son incognito ne fut pas trahi; la *Revue Suisse* passa inaperçue et ne fit pas la fortune de ses propriétaires. Dans l'intervalle, la réputation de Sainte-Beuve se consolidait; sa position, d'abord assez précaire, s'améliorait. Il avait été nommé en 1840 conservateur à la Bibliothèque Mazarine, en 1844 membre de l'Académie française; il était devenu le critique influent et autorisé de la *Revue des Deux-Mondes*; les salons aristocratiques se le disputaient; bref il prenait peu à peu la place que méritait la supériorité de son talent.

Par un destin contraire, Olivier, non-seulement n'obtenait pas de sa Revue ce qu'il avait espéré, mais perdait encore sa chaire de professeur à l'Académie, à la suite d'une révolution locale, sorte de tempête dans un verre d'eau. Quand il vit, d'un autre côté, que son ancien collègue renonçait décidément au séjour de Lausanne et faisait florès à Paris, il se décida lui-même à venir le retrouver, descendit place Royale, et s'y établit avec sa famille.

> Voilà nos gens rejoints et je laisse à penser
> De combien de plaisir ils payèrent leur peine.

Sainte-Beuve reprit ses habitudes familières. Nous le voyons en 1848, pendant la tumultueuse journée du drapeau rouge, traverser tranquillement la foule, que calme à son gré l'éloquence de Lamartine, pour aller lire à ses amis son troisième volume de *Port-Royal*, qui était sur le point de paraître. Il ne put toutefois leur rendre tous les bons offices qu'ils paraissent avoir attendu de lui. S'ils croyaient qu'il fût en son pouvoir de les lancer dans le monde littéraire et de fonder leur réputation, ils durent en rabattre. «Le critique n'a pas le don de deviner le talent caché qui n'a pas encore jailli. Il n'est pas comme l'abbé Paramel qui, une branche de coudrier à la main, découvre les sources cachées.» La poésie du canton de Vaud, cueillie sur place, exhale une verdeur rustique, alpestre, qui ne déplaît pas. Mais dès qu'on la transplante, cette rose des montagnes perd son léger parfum et ne garde plus que les épines. Voyez ce qui arrive à Mme de Gasparin. Malgré tout le mouvement que l'on s'est donné pour elle, ses livres n'ont pu réussir en France: on la loue, mais on ne la lit pas. Un de mes amis, quand on lui présente un volume de cette provenance, a coutume de dire: «Non, merci, ça sent le réformé.»

En outre, Mme Olivier, comprenant que la vraie poésie d'une mère de famille est dans les soins et l'éducation de ses enfants, reprisait et lavait leurs bas au lieu de tremper les siens dans l'indigo. Son mari, réduit à ses propres ailes, ne prit pas un grand essor. À peine si, à la faveur de leur ami, il parvint à glisser dans les Revues deux ou trois articles. Le peu que j'ai lu de lui me fait penser que l'on trouva à son style trop de gravité, trop de barbe et de poids. Il prit enfin le bon parti, entra dans une imprimerie comme correcteur et n'écrivit plus qu'à ses heures perdues.

Tout cela avait un peu refroidi les relations avec Sainte-Beuve; une dernière circonstance acheva de les brouiller.

L'académicien, par deux testaments successifs, déposés entre les mains d'Olivier, l'avait nommé son exécuteur testamentaire. Certes il n'est pas désagréable, surtout lorsqu'on tire le diable par la queue, de se savoir couché sur le testament d'un homme qui a quelque fortune. Mais à quoi cela sert-il, si le testateur s'obstine à vivre? Or, Sainte-Beuve, loin de songer à réaliser son rêve d'Élysée, arrangeait son existence en vue d'un long avenir. Il avait pris chez lui une certaine dame Vaquez, Espagnole au teint bistré, qui, voulant être maîtresse au logis, en écartait jalousement les anciens habitués. Olivier eut plusieurs fois maille à partir avec elle. De plus, il apprit que son ami, sans lui en souffler mot, avait fait un troisième testament—ce ne devait pas être le dernier,—et qu'il laissait son héritage à d'autres. C'en était trop. Il cessa de venir à la petite maison de la rue Montparnasse et passa quatre ans sans revoir l'ingrat. Celui-ci ne parut pas s'apercevoir de la bouderie. Au bout de ce temps, la sénora étant morte et l'académicien ayant l'air de plier sous l'excès du travail, on se ravisa et on lui écrivit pour renouer avec lui. L'obsession devenait importune; il y mit fin par la réponse suivante, qui justifie le mot du diplomate anglais, Henri Bulwer: «M. Sainte-Beuve n'écrit pas comme on pend dans mon pays, haut et court»:

«Mon cher Olivier,

> Je vous remercie de votre lettre et de l'intention qui l'a dictée. Je n'entre dans aucune explication; car si détaillées que soient celles que vous prenez la peine de me donner, je ne les crois pas encore complètes. Un seul point m'importe à marquer: lié comme je l'étais avec vous et sans que je pense avoir d'autre tort que celui d'être depuis cinq ou six ans sous le fardeau d'un travail incessant et qui n'est pas devenu plus facile en se continuant,—travail qui m'a interdit tout entretien de relations mondaines ou amicales, et m'a forcé de laisser croître l'herbe sur le chemin de l'amitié,—je me suis un jour aperçu tout d'un coup, et sans m'y tromper, que les ronces avaient poussé entre nous et qu'il n'y avait plus de sentier. Je ne suis pas de ceux qui disent *tout ou rien* en amitié; aussi eussé-je accepté et agréé avec reconnaissance tout ce qui m'aurait prouvé que le passé tenait entre nous. Mais évidemment vous aviez accueilli cette idée, que notre amitié pouvait entièrement cesser, et les choses, en tant qu'elles dépendaient de vous, se sont

passées en conséquence. Là est pour moi la blessure. Car j'aurais admis tout le reste, diminution, ajournement, tristesse et voile à demi-sombre sur le passé. Mais ce qui domine désormais mes souvenirs en ce qui vous concerne, c'est cette abdication et cette résignation volontaire que vous avez faites de notre passé. Une lettre telle que celle que je reçois aujourd'hui, venue plus tôt et à temps, m'aurait certes suffi et touché; mais après des années révolues, comment renouer la chaîne? Est-ce ma faute si j'avais cru que malgré tout, et à travers les absences et les nécessités de la vie imposée à chacun de nous, il y avait quelque chose de sûr et d'essentiel, j'oserai dire d'insoluble, dans notre amitié, et si je ne puis plus le croire? Au moins qu'il reste de vous à moi une disposition égale et tristement bienveillante; c'est celle que votre lettre me paraît assez bien exprimer et qu'elle a aussi produite en moi,—une estime durable d'homme à homme. Recevez-en ici l'assurance.

«SAINTE-BEUVE.»

Pour compléter l'histoire, je dois ajouter que cette lettre et la plupart des détails qui la précèdent m'ont été fournis par un écrit posthume de Just Olivier.

IX

PROJET DE MARIAGE.—MADAME D'ARBOUVILLE.— OPINION ET RÔLE DE SAINTE-BEUVE EN POLITIQUE.

«La nature se présente deux fois à nous pour le mariage: la première fois, à la première jeunesse. On peut lui dire alors: *Repassez!* elle n'insiste pas trop. Mais la seconde fois, à cette limite extrême, lorsqu'elle reparaît, lorsqu'elle insiste avec un dernier sourire, prenez garde: si vous la repoussez encore, elle se le tiendra pour dit, elle ne reviendra plus.»

En écrivant ces lignes, Sainte-Beuve a dû songer à ce qui lui est arrivé à lui-même; il nous initie à l'une des crises les plus inquiètes de son existence, crise qui dura plusieurs années et pendant laquelle il fut constamment tourmenté par un vague désir conjugal.

Au fond, le mariage fut pour lui comme la foi: vainement, il essaya de s'y prendre; il ne put jamais y parvenir. Son caractère était plutôt hostile à un engagement légal, étroit et éternel. Il ne tarissait pas en plaisanteries sur les inconvénients de ce lien, qui enchaîne le caprice et coupe les ailes à la fantaisie. Dans un spirituel rapport au Sénat, au sujet de la propriété littéraire, il a glissé deux portraits pleins d'ironie et d'humour, la femme de l'homme de lettres et le mari d'un bas-bleu.

Pourtant, il fut tenté à son heure comme les autres; peu s'en fallut même qu'il ne succombât. C'est peu après son retour de Suisse que lui prit cette démangeaison. Rien de plus naturel: il avait trente-cinq ans, une position faite, un coeur inflammable et des sentiments délicats; n'était-ce pas le moment de partager le tout avec une compagne digne de lui?

Pour le voluptueux, le soir des noces offre un attrait irrésistible. N'avoir jamais possédé que des femmes qui appartiennent à un autre ou même à tout le monde, et voir venir à soi parée de fleurs, émue et rougissante, une jeune fille dont le regard interroge timidement le vôtre, cherchant à deviner si elle vous plaît; être le maître absolu de cette ingénue, dont une mère a mis quinze ans à ennoblir l'âme et à orner l'esprit; n'avoir qu'un mot à dire, à peine un geste à faire pour qu'elle tombe dans vos bras, et se livre tout entière à vos embrassements, n'est-ce pas le bonheur suprême et l'Eden sur la terre? Si, en s'éveillant d'un si beau rêve, a dit Musset, on ne se trouvait pas marié, qui ne voudrait le faire tous les soirs?

Sainte-Beuve connaissait trop bien, les ayant vus chez mainte famille, les épines et les tracas du ménage pour ne pas hésiter. Il est vrai que l'expérience des malheurs d'autrui ne nous rend pas toujours prudents. On a beau se rappeler le sort de tant de maris dont on contribua peut-être à garnir le front, dès qu'il s'agit de soi-même, on reprend confiance, et si l'ombre du doge

Cornaro se profile dans le lointain, on l'écarte d'un geste: Oh! moi, ce sera différent!

N'est-ce pas, d'ailleurs, un bon moyen de se rattacher à l'existence, à la société, d'y prendre une place distincte en devenant à son tour chef de famille? En cet état, on revit, on rajeunit, on croit; tout aïeul penché sur le berceau de ses petits-enfants comprend mieux que le philosophe la véritable immortalité, la chaîne des générations et l'éternel recommencement du monde.

Afin d'échapper à la tentation et de semer sur les chemins ses velléités matrimoniales, Sainte-Beuve entreprit le classique voyage d'Italie. Mais son rêve le poursuivit jusqu'au pied du Vésuve, où il s'écriait: «Oh! vivre là, y aimer quelqu'un et puis mourir.» De retour à Marseille, le rêve se dessine dans une impression fugitive. Ce fut pendant une promenade en mer avec une de ces Marseillaises si attrayantes, dont la beauté unit la fougue du vieux sang gaulois à la morbidezza italienne.

«Nous voguions le soir hors du port, nous allions rentrer: une musique sortit, et elle était suivie d'une quarantaine de petites embarcations qu'elle enchaînait à sa suite, et qui la suivaient en silence et en cadence. Nous suivîmes aussi: le soleil couché n'avait laissé de ce côté que quelques rougeurs; la lune se levait et montait déjà pleine et ronde; *la Réserve* et les petits lieux de plaisance, aussi bien que les fanaux du rivage, s'illuminaient. Cette musique, ainsi encadrée et bercée par les flots, nous allait au coeur: «Oh! rien n'y manque, m'écriai-je en montrant le ciel et l'astre si doux.—Oh! non! rien n'y manque,» répéta après moi la plus jeune, la plus douce, la plus timide voix de quinze ans, celle que je n'ai entendue que ce soir-là, que je n'entendrai peut-être jamais plus. Je crus sentir une intention dans cette voix de jeune fille: je crus, Dieu me pardonne, qu'une pensée d'elle venait droit au coeur du poëte, et je répétai encore, en effleurant cette fois son doux oeil bleu: *Non! rien.*—Et semblables à ces échos de nos coeurs, les sons déjà lointains de la musique mouraient sur les flots.»

Enfin, à Paris, l'idéal prend forme décidément, et le vague projet devient une vraie détermination. Reçu dans la maison du général Pelletier, ami et chaud partisan des écrivains libéraux, il y retourna fréquemment et s'y éprit de la plus jeune des deux charmantes filles qui remplissaient de poésie le salon de leur vieux père. Il a raconté, avec bien de la délicatesse, une des scènes d'intérieur qui avaient pu encourager ses espérances. Un soir, pendant qu'il laissait errer une main distraite et ignorante sur le clavier d'un piano encore tout frémissant des accords qu'elle venait d'exécuter, l'aînée s'approcha et dit avec un sourire: «Essayez, qui sait? les poëtes savent beaucoup d'instinct. Peut-être savez-vous jouer sans l'avoir appris.—Oh! je m'en garderai bien; j'aime mieux me figurer que je sais, et j'aime bien mieux pouvoir encore me dire: peut-être!—Elle était là, elle entendit et ajouta avec sa naïveté fine et charmante:—C'est ainsi de bien des choses, n'est-ce pas? Il vaut mieux ne pas essayer pour être sûr.—Oh! ne me le dites pas, je le sais trop bien, lui répondis-je avec une intention tendre et un long regard. Je le sais trop et pour des choses dont on n'ose se dire: *Peut-être!*—Elle comprit aussitôt et se recula, et se réfugia toute rougissante auprès de son père.»

Lui-même est ému et devient timide, preuve d'amour. Une autre preuve, c'est qu'il se remet à chanter et à célébrer le sentiment confus en des vers, ma foi, assez innocents:

> Regards, retrouvez vite et perdez l'étincelle;
> Soyez, en l'effleurant, chastes et purs comme elle,
> Car le pudique amour qui me tient cette fois,
> Cette fois pour toujours! a pour unique choix
> La vierge de candeur, la jeune fille sainte,
> Le coeur enfant qui vient de s'éveiller,
> L'âme qu'il faut remplir sans lui faire de crainte,
> Qu'il faut toucher sans la troubler.

Qui n'a passé par cet embarras? Qui ne s'est demandé, à de certaines paroles à double entente, à quelque rougeur subite, à une main pressée furtivement, s'il était réellement aimé et s'il pouvait risquer la démarche? Après quelques mois d'indécisions, Sainte-Beuve s'arma de courage et demanda la main de la jeune fille. Elle l'avait traité avec tant de cordialité, qu'il crut en être agréé et pouvoir lui offrir son nom. Si j'en crois des personnes bien informées, l'objet de sa recherche joignait à toutes les grâces une candeur et une sincérité d'âme, devenues introuvables quelques années plus tard. Seulement son coeur n'avait pas parlé. Elle repoussa donc la demande, en y mettant, il est vrai, des ménagements de sensitive qui s'effarouche elle-même d'un refus, adouci aussitôt par des protestations d'amitié. Le mariage n'en était pas moins rompu. Dire pour quelle cause, à la distance où nous sommes de l'événement, ce serait assez difficile. Peut-être la jeune miss hésita-t-elle à venir dans une maison où elle ne règnerait pas seule, où elle aurait à compter avec une belle-mère. Peut-être celle-ci, dans sa jalouse tendresse, voyait-elle avec répugnance lui échapper le fils dont elle n'avait jusque-là partagé l'affection avec personne. Des maîtresses, passe encore: on sait que cela n'a qu'un temps; mais une femme! voilà qui donne à réfléchir aux mères.

J'ai connu à Aix, en Provence, un professeur de calligraphie, appelé Bellombre, qui avait passé sa vie à vouloir se marier sans jamais y parvenir. Il était aussi fils de veuve. Toutes les fois qu'il avait été sur le point de réaliser son voeu, une anicroche s'était rencontrée pour le faire échouer. À cinquante ans, il cherchait toujours. Quand on interrogeait là-dessus Mme Bellombre: «Eh! rien ne presse, répondait-elle, il est encore un peu jeune.»

Le refus opposé à Sainte-Beuve n'avait sans doute rien de personnel, si j'en juge par l'insistance que mit à lui voir continuer ses visites le père de la dédaigneuse enfant, insistance telle que l'écrivain dut s'y soustraire par une explication et se délier:

«Octobre, 1840.

«Général,

> «Sachant votre retour, et depuis plusieurs jours déjà, j'ai à m'excuser près de vous de n'avoir pas encore eu l'honneur de vous aller saluer. J'ai aussi, pour une dernière fois, à vous rendre compte d'une situation que ma démarche, lors de votre retour précédent, a si soudainement changée, et sur laquelle, avant d'entrer dans le long silence, je vous dois et me dois à moi-même de donner une explication finale. J'ai essayé, depuis votre départ, de cultiver, comme par le passé, des relations bien précieuses, mais auxquelles le plus grand charme du passé était ravi. J'ai cru un moment y avoir réussi, avoir triomphé assez de moi, ou plutôt m'être assez complétement remis à mon penchant, pour ne ralentir qu'à peine une assiduité aussi désirée que combattue. Mais, vous l'avouerai-je? si je dissimulais au dehors, je le payais trop au dedans. Vous le comprendrez sans que je l'étale ici. D'une part, être reçu avec toute la bonne grâce du monde et même de ce qu'on appelle amitié; de l'autre, étouffer et irriter en soi un sentiment désavoué, une souffrance qui tout bas s'ulcère, et remporter un long trouble qui se prolonge bien avant à travers les seuls remèdes possibles de l'étude et de l'isolement: je n'ai pu y suffire, et, à partir d'un certain jour, je me suis dit, avec la seule force que je retrouvais en moi, de m'abstenir désormais et de fuir dans mon ombre... Devant désormais avoir très-peu l'honneur de vous voir ou même de vous rencontrer, souffrez, général, que je vous assure ici des sentiments de respect et d'inviolable souvenir qui, de ma part, ne cesseront de s'attacher à vous et à ce qui vous entoure.»

Il n'éprouva, d'ailleurs, aucun dépit de sa déception et voua même une vive gratitude à la jeune fille qui l'avait ainsi empêché d'enchaîner son existence. Nul doute, en effet, que cette union avec une famille bourgeoise n'eût exigé de lui bien des concessions, des renoncements, et le sacrifice d'idées auxquelles il tenait par-dessus tout. Une fois marié, il eût fallu compter avec la société et subir ces mêmes préjugés, qu'il était décidé à combattre.

Son seul regret, vers la fin, était de n'avoir pas d'enfants: «A un certain âge de la vie, si notre maison ne se peuple point d'enfants, elle se remplit de manies ou de vices.» Le jour où il eut quarante-quatre ans, il écrivit sur ce sujet une page touchante, qu'il faut citer:

«La nature est admirable, on ne peut l'éluder. Depuis bien des jours, je sens en moi des sentiments tout nouveaux. Ce n'est plus seulement une femme que je désire, une femme jeune et belle comme celles que j'ai précédemment désirées. Celles-là plutôt me répugnent. Ce que je veux, c'est une femme toute jeune et toute naissante à la beauté; je consulte mon rêve, je le presse, je le force à s'expliquer et à se définir: cette femme, dont le fantôme agite l'approche de mon dernier printemps, est une toute jeune fille. Je la vois, elle est dans sa fleur, elle a passé quinze ans à peine; son front, plein de fraîcheur, se couronne d'une chevelure qui amoncelle ses ondes, et qui exhale des parfums que nul encore n'a respirés. Cette jeune fille a le velouté du premier fruit. Elle n'a pas seulement cette primeur de beauté; si je me presse pour dire tout mon voeu, ses sentiments, par leur naïveté, répondent à la modestie et à la rougeur de l'apparence. Qu'en veux-je donc faire? Et si elle s'offrait à moi, cette aimable enfant, l'oserais-je toucher, et ai-je soif de la flétrir? Je dirai tout: oui, un baiser me plairait, un baiser plein de tendresse; mais surtout la voir, la contempler; rafraîchir mes yeux, ma pensée, en les reposant sur ce jeune front, en laissant courir devant moi cette âme naïve; parer cette belle enfant d'ornements simples où sa beauté se rehausserait encore, la promener les matins de printemps sous de frais ombrages et jouir de son jeune essor, la voir heureuse, voilà ce qui me plairait surtout et ce qu'au fond mon coeur demande. Mais qu'est-ce? tout d'un coup le voile se déchire, et je m'aperçois que ce que je désirais, sous une forme équivoque, est quelque chose de naturel et de pur: c'est un regret qui s'éveille; c'est de n'avoir pas à moi, comme je l'aurais pu, une fille de quinze ans, qui ferait aujourd'hui la chaste joie d'un père et qui remplirait ce coeur de voluptés permises, au lieu de continuels égarements.»

Oserai-je dire toute l'impression que produit sur moi ce morceau? La fin me réconcilie un peu avec le commencement. Toutefois, j'en suis certain, jamais homme, ayant eu des enfants autrement qu'en hypothèse, ne détaillera d'une façon si sensuelle le sentiment paternel qui, en soi, ne peut et ne doit avoir rien que de sobre.

Sainte-Beuve, estimant sans doute qu'il avait payé sa dette au monde en ce qui regarde le mariage par les tentatives où son bon vouloir avait échoué, ne songea plus qu'à se ménager un de ces arrangements à la fois commodes et honorables, où l'amour se voile sous les égards, où il entre plus d'estime pour le sexe et de reconnaissance que d'ardeur des sens, et que la jalousie ne tourmente ni n'aiguillonne.

Depuis plusieurs années il avait rencontré et connu dans les salons du faubourg Saint-Germain la comtesse Sophie Logré, petite-fille de Mme d'Houdetot, fille du général de Bazancourt, soeur du baron du même nom et femme du général d'Arbouville. Elle a composé des nouvelles attendrissantes et mélancoliques sur les épreuves qui attendent les personnes de son sexe dans notre état social, et l'on peut dire que par beaucoup de points c'était une âme soeur de l'auteur de *Volupté* et des *Consolations*.

Le dernier biographe de celui-ci, M. Othenin d'Haussouville, ayant à parler de leur liaison, l'a fait de ce ton pincé qui appartient aux doctrinaires: «Des communications bienveillantes, dit-il, me permettent de soulever ici le coin d'un voile derrière lequel rien ne s'est jamais abrité que de pur et de délicat.»

Qu'en sait-il?

De tous les jeux où de notre temps s'amuse le paradoxe, un des plus futiles est celui qui vise à refaire une couronne de pureté et d'innocence à toutes les femmes, à commencer par les reines, et à finir par les comédiennes. Que de livres n'a-t-on pas écrits pour justifier Marie-Antoinette, Marie Stuart et tant d'autres? À entendre ces historiens d'un nouveau genre, historiens amoureux d'illusions et sujets aux chimères, il semble vraiment que le malheur de ces reines serait moins à plaindre et leur martyre digne de moins de pitié, si elles n'avaient pas toujours gardé la fidélité conjugale. «La vertu des femmes, disait Mme de Girardin, est la plus belle invention des hommes.»

Quel est le résultat le plus clair de toutes ces apologies, si ce n'est de donner un croc-en-jambe à la vérité historique et d'inaugurer une fausse morale? Une belle femme qui rit au soleil est, ce me semble, aussi respectable et, en tout cas, plus naturelle qu'une madone qui prie dans l'ombre. Pauvres êtres qui rachetez par la ruse ce que la nature vous a refusé de force et savez si bien vous relever de votre infériorité, va-t-on vous punir de mort pour nous avoir donné la vie, et serons-nous à votre égard d'autant plus sévères que vous aurez été plus indulgentes? Si précieuse que soit la virginité, Bayle soutient avec raison qu'il n'y a boulanger ni boucher qui voulût sur cette perle faire crédit de cinq sols. Quand cessera-t-on de vanter, outre mesure, la continence et la chasteté, ces vertus de moine, si négatives, si infécondes? Le meilleur moyen de faire porter ses fruits à l'arbre de la vie ne sera jamais d'en couper les branches. Mettez cette thèse à côté de celle qui donne la vertu pour fondement aux républiques: les deux font la paire.

Pour en revenir à M. d'Haussonville, je me garderais bien, aimant peu pour mon compte à pousser à bout ces sortes de procès, de contredire à sa rassurante assertion, s'il ne montrait à chaque ligne le bout de l'oreille. Ce publiciste empanaché trouve tout naturel que dans un Etat démocratique l'illustration de la naissance exerce encore son prestige[20]; il s'étonne que le grand écrivain, fils de ses oeuvres, et qui avait dédaigné la particule, quoique son père la portât, ait reproché au duc de Broglie de ne s'être donné que la peine de naître; puis, voulant lui faire une bonne méchanceté, il met dans la bouche de M. Cousin, n'osant le prendre à son compte, ce propos inattendu: *Sainte-Beuve n'est pas gentilhomme*. Eh non, Dieu merci, il n'a rien de commun avec vos gens, les de Cust..., les de Germ... et autres gentilshommes si fameux que les nommer serait une inconvenance.

Le tout se termine par une méprise assez naïve chez un futur académicien. Il prétend en un endroit que Mme d'Arbouville exerça sur le talent de Sainte-Beuve une influence élevée, morale, chrétienne, dont la trace se retrouve dans les portraits de Mlle Aïssé, de Mme de Krüdner. Or, ouvrez le volume à l'endroit indiqué et vous ne tarderez pas à rencontrer ceci:

«Mme de Krüdner, dans les moments décisifs avec son amant, fait une prière à Dieu en disant: *Mon Dieu, que je suis heureuse! je vous demande pardon de l'excès de mon bonheur*. Elle reçoit ce sacrifice comme une personne qui va recevoir sa communion.»

Veut-on s'édifier sur le genre d'attachement qui lia Sainte-Beuve à Mme d'Arbouville? On n'a qu'à lire les règles de conduite qu'il professait en telle matière, car il avait ses principes, lui aussi:

«—Avec les femmes aimées qui nous ont repoussé, rompre: mieux vaut une rancune aimante.

Avec les femmes amies qui nous ont souri, continuer de vivre dans un doux oubli reconnaissant.»

Rapprochez de ces sentences l'affirmation suivante:

«—Elle a été pendant dix ans ma meilleure amie, j'ai été son meilleur ami.»

Et vous comprendrez la large place qu'il a occupée dans le coeur et dans les affections d'une personne si aimante et d'un esprit si cultivé.

Un jour que son secrétaire exposait devant lui, avec la candeur de la jeunesse, une de ces théories sur le platonisme et l'amour pur auxquelles le beau sexe applaudit volontiers, quitte à pratiquer le contraire, il perdit patience et riposta:

«—On se demande toujours si l'amitié sincère, forte, durable, est possible entre un homme et une femme. Oui, je le crois, cela se peut, mais à une condition: il faut qu'il n'y ait pas toujours eu amitié pure et simple; qu'à un moment aussi court, aussi fugitif que vous voudrez, la passion ait parlé; qu'il y ait eu abandon, faiblesse.»

Dans une des rares nouvelles qu'il a mêlées à ses portraits, *Mme de Pontivy*, récit transparent de sa propre aventure, il est encore plus explicite:

«—La passion, telle qu'elle peut éclater en une âme puissante, illuminait au dedans les jours de Mme de Pontivy. L'amour même et l'amour seul! Le reste était comme anéanti à ses yeux ou ne vivait que par là. Les ruses de la coquetterie et ses défenses gracieusement irritantes, qui se prolongent souvent jusque dans l'amour vrai, demeurèrent absentes chez elle. L'âme seule lui suffisait ou du moins lui semblait suffire; mais quand l'ami lui témoigna sa souffrance, elle ne résista pas; elle donna tout à son désir, non parce qu'elle le partageait, mais parce qu'elle voulait ce qu'elle aimait pleinement heureux. Puis, quand les gênes de leur vie redoublaient, ce qui avait lieu en certains mois d'hiver plus observés du monde, elle ne souffrait pas et ne se plaignait pas de ces gênes, pourvu qu'elle le vît.» Cette douceur et cette discrétion dans la tendresse, ce bonheur tranquille que le monde soupçonnait à peine et ne troublait point, convenaient parfaitement à l'homme déjà mûr qui se rappelait, non sans effroi, les bourrasques de sa passion pour Mme X…, et qui de sa vie n'avait pu prendre sur lui de passer la nuit entière à côté d'une femme. Il aimait, en effet, à procéder avec elles par entrevues rapides, afin de laisser à l'ardeur toute sa vivacité.

On dirait que le sceptique a été désarmé cette fois par le charme qu'embellissait une bonne grâce perpétuelle; il redevient jeune, il croit à l'amour et à sa durée. «Non, s'écrie-t-il, il n'est pas vrai que l'amour n'ait qu'un temps plus ou moins limité à régner dans les coeurs; qu'après une saison d'éclat et d'ivresse, son déclin soit inévitable; que cinq années, comme on l'a dit, soient le terme le plus long assigné par la nature à la passion que rien n'entrave et qui meurt ensuite d'elle-même.»

En conséquence, il nous représente les deux amants s'avançant toujours, plus unis dans les années qu'on peut appeler *crépusculaires*, et où un voile doit couvrir toutes choses en cette vie, même les sentiments devenus chaque jour plus profonds et plus sacrés.

En réalité, les choses se passèrent un peu autrement. Mme d'Arbouville, à la fin de ses jours, était revenue aux pratiques de dévotion et avait confié la direction de sa conscience au père de Ravignan. Elle alla s'éteindre à Lyon le 22 mars 1850, refusant, dit-on, de recevoir l'ami qui, malgré leur rupture, était accouru à la nouvelle du danger pour la revoir une dernière fois, à l'instant de la séparation et de l'adieu suprême, et qui priait qu'on lui permît du moins de presser les lèvres que la mort allait flétrir[21].

Quoi qu'il en soit, et nonobstant cette brouille finale, il lui dut les dix années les plus heureuses de sa vie (1837-1848), celles du moins où son existence fut arrangée le plus à son gré, selon son rêve. La matinée, racontent ses biographes, était consacrée au travail courant; l'après-midi, à quelque lecture de choix ou à quelque flânerie poétique. Le soir, il allait dans les salons, chez Mme de Broglie, chez Mme de Boigne; causait avec esprit, avec feu; observait, et, rentré chez lui, notait dans son journal intime mille souvenirs intéressants, des anecdotes curieuses, de fines remarques morales. L'été, il passait ses vacances dans un des châteaux de M. Molé, oncle de Mme d'Arbouville, à Précy, au Thil, à Champlâtreux ou au Marais. Il avait si bien pris ses habitudes dans cette hospitalière demeure du Marais que, pour goûter les douceurs de la société sans en souffrir la dépendance, il avait loué en 1847 une petite maison dans le village et pouvait ainsi travailler et dîner chaque jour au château.

On ne produit pas un effet brillant dans notre pays si l'on n'est homme du monde et si l'on ne fréquente les salons. Il faut tâcher seulement que le talent s'y perfectionne sans s'y user.

Au milieu de ce cercle aristocratique, Sainte-Beuve payait par les bonnes grâces de l'esprit ce que la fortune lui refusait de rendre sous une autre forme. Il y était, d'ailleurs, fort goûté et apprécié. Le comte Molé surtout paraît l'avoir conquis et charmé par la délicatesse de ses flatteries. Lorsqu'il s'entretenait avec lui de quelqu'un des hommes distingués, comme Fontanes, de Dalmas, de Beausset, Melzi, qu'il avait autrefois connus, il ne manquait jamais d'ajouter: «Oh! je suis certain qu'il vous aurait plu singulièrement et que vous vous seriez convenus!» Se peut-il imaginer façon plus adroite de chatouiller un coeur avide avant tout de nobles amitiés?

Ce même homme d'État lui ayant offert de le faire entrer à l'Académie, il s'y prêta volontiers. Son bagage littéraire était plus que suffisant, et la mort de Casimir Delavigne laissait vacant un des fauteuils. Mais survint tout à coup, pour le lui disputer, un personnage fort oublié aujourd'hui, M. Vatout, qui n'avait d'autre titre que celui d'officier dans la maison du roi. «Nommer M. Vatout, disait Royer-Collard, quelle plaisanterie faites-vous là à un homme de mon âge? Sachez, monsieur, que je prétends nommer quelqu'un.» Louis-Philippe, c'est tout naturel, n'était pas du même avis, et patronnait ouvertement la candidature de son serviteur. L'élection fut disputée et remise à un mois après sept tours de scrutin. Sainte-Beuve en fut réellement humilié. Signalant le résultat à Olivier pour la *Revue Suisse*, il ne pouvait s'empêcher de lui écrire: «Pas de réflexion, sinon celle-ci si vous voulez: «À voir les choses de si loin et au point de vue littéraire, une hésitation prolongée peut paraître au moins singulière.» Enfin, par un choix qui l'honorait, l'Académie au courtisan préféra l'écrivain. Lorsque celui-ci, après sa réception, fut, selon l'usage, mené aux Tuileries par Villemain et Victor Hugo, Louis-Philippe ne lui adressa pas la parole et, de son côté, il ne desserra pas les dents. Hors cette unique fois, il ne mit jamais les pieds à la cour et n'accepta aucune des invitations de concert ou de spectacle qu'on adresse aux membres de l'Institut. Il y a plus. Villemain, soit pour le taquiner, soit dans un autre but, proposa de le décorer. Faire accepter la croix à l'ancien collaborateur de Carrel, c'eût été lui jouer un bon tour; mais il résista avec énergie et offrit même, si l'on persistait, sa démission de bibliothécaire. Je ne vois donc pas de raison de soutenir, avec tous ses biographes, que si le règne de dix-huit ans se fût prolongé, on eût fini par le rallier à la monarchie, qu'il avait boudée jusque-là, malgré l'exemple de tous ses anciens amis. Ceci m'amène à toucher un mot de son rôle politique, bien que ce rôle ait été secondaire chez lui et constamment subordonné à son amour pour les lettres.

Confondu dans la foule de ceux qui subissent les révolutions sans les provoquer et sans se croire non plus d'étoffe à les conjurer, Sainte-Beuve n'a jamais aspiré à la direction des affaires publiques. Loin d'y mettre la main ou même le doigt, il se contente d'en saisir le jeu, d'en tout comprendre et d'en extraire, s'il se peut, quelques leçons de philosophie à notre usage. Que d'autres s'appliquent à diriger et à manier le monde, lui ne se soucie que de l'éclairer. À peine si vers la fin, lorsque l'expérience eut mûri sa raison, il eût ambitionné l'honneur d'être quelquefois consulté. Des cinq gouvernements sous lesquels il a vécu, très-français en ce point comme sur beaucoup d'autres, il n'a cordialement accepté que les deux derniers. Et même, dans les derniers temps, semblait-il s'en détacher pour rentrer dans l'opposition qui convenait mieux à son tempérament de frondeur.

La Restauration avait essayé, en 1828, de le gagner par l'offre d'un poste de secrétaire d'ambassade. Il aurait accompagné à Athènes M. de Lamartine, qui devait y représenter la France. Mais on ne donna pas suite à ce projet. Après la révolution de Juillet, tandis que la rédaction du *Globe* entrait d'emblée au pouvoir; que Dubois, Vitet, Jouffroy, Rémusat et les autres se partageaient les faveurs de la royauté nouvelle, il resta au journal avec Leroux et Lerminier, continuant à y défendre les opinions libérales. Puis, la monarchie de Juillet paraissant renier son origine, il accentua son opposition contre elle et combattit à côté de Carrel au *National*. Toutefois, il n'y fit qu'une courte campagne, plus littéraire que politique. Il n'en est pas moins vrai que Louis-Philippe ne fut jamais un monarque de son goût. Son idéal de souverain eût été un mélange de Louis XIV et de Napoléon, ayant mêmes sentiments, mêmes ambitions que le pays, et menant haut la main les hommes et la fortune. Qu'aurait été 1830, s'il y avait eu au gouvernail un grand coeur? Telle est la question qu'il se posa souvent et qu'il retournait contre un roi spirituel sans doute, et intelligent, mais trop prudent, trop père de famille, trop préoccupé, comme un simple bourgeois, de laisser beaucoup de millions à ses enfants. «—Cela m'agace, cela m'irrite, disait-il à Edmond Texier, c'est décidément trop plat[22].» Il disait encore à ce sujet: «Les bonnes intentions, les bienfaits même, ne sont jamais comptés aux souverains s'ils ne joignent la force à l'autorité.»

Prétendre que la révolution de 1848 lui donna des peurs bleues est une pure calomnie. Avec ses instincts de girondin et son humeur populaire, il se plaisait, au contraire, aux émotions de la rue: il fallut toute la maladresse des républicains pour le rendre hostile. N'eut-on pas le tort insigne de soupçonner sa probité, parce que son nom figurait, à côté d'une somme de cent francs, sur une liste de fonds secrets, publiée par *la Revue rétrospective*. À force de recherches, il est parvenu depuis à découvrir que cette somme provenait d'un crédit affecté à la réparation d'une cheminée qui fumait dans son appartement du palais Mazarin.

Sur le moment, ses ennemis, heureux du prétexte, essayèrent de le flétrir. Parmi eux, le philologue Génin se distingua par son acharnement. Bondissant d'indignation, sous un outrage si immérité, Sainte-Beuve s'adressa de toutes parts aux anciens et aux nouveaux ministres, pour qu'on éclaircît le fait.

«La vie seule d'un honnête homme, disait-il avec une juste fierté, peut répondre pour lui. Je n'essaierai pas d'autre réponse que celle-là: elle suffira certainement auprès de tous ceux qui me connaissent; et même pour ceux qui ne me connaissent pas, je rougirais d'ajouter un mot de plus.

Depuis quinze ans, j'ai eu des liens de société et même d'amitié avec bien des ministres et personnages considérables du dernier régime; ils savent tous quelle a été, à leur égard, mon attitude constante de délicatesse et de discrétion, et si j'ai jamais rien demandé à aucun d'eux.—Non, quoi que vous en disiez, je ne suis pas tombé dans quelque guet-apens. Un homme assis, et qui se tient immobile à l'écart, n'y tombe pas.»

À M. Crémieux, qui était alors garde des sceaux, il écrivait:

«Je demande de votre justice qu'on veuille bien m'aider à obtenir un éclaircissement sur cet odieux mystère… Veuillez me fournir les moyens d'arriver à expliquer complétement et à dévoiler l'infamie dont je me trouve atteint, moi qui ai toujours vécu à l'écart, ne demandant rien au pouvoir, tout entier à l'étude et aux lettres.»

Pour comble de déshonneur, son nom était placé sur la liste entre celui de M. Eugène Vouillot et celui de Charles Maurice, un franc corsaire. Une telle association eût dû suffire pour ôter tout prétexte à la calomnie: elle n'en a pas moins tenté d'y revenir par insinuation de temps à autre, et chaque fois une protestation vigoureuse l'a fait rentrer sous terre. La meilleure réfutation est celle qu'on rencontre dans une lettre à M. Barrot: «Quoi! lié dès 1824 au *Globe* avec tous les hommes devenus depuis ministres; vivant, dès 1832, dans la familiarité, je puis dire, des Pasquier, des Mole, des Thiers; bibliothécaire de la Mazarine depuis 1840, seulement et parce qu'il était presque scandaleux que tant d'hommes puissants, mes amis, me laissassent logé au quatrième, dans une chambre d'étudiant, à l'hôtel garni; ne demandant qu'à obtenir de la considération et à garder de la dignité dans les rapports de société où je vivais en égalité avec les meilleurs sur le pied de l'esprit; élu membre de l'Académie française en 1844, et dès lors confrère des principaux personnages politiques, j'aurais été acheté, en l'an de grâce 1847, pour la somme de cent francs; et ces cent francs seraient sur les fonds secrets! Ma foi, c'est trop bête.»

Enfin, de guerre lasse, voyant qu'on refusait de l'entendre, et ne voulant conserver aucun lien d'obligation envers un gouvernement si peu soucieux de l'honneur et de la dignité des écrivains, Sainte-Beuve donna sa démission de bibliothécaire et s'en alla professer un cours à l'université de Liége.

L'année qu'il y passa fut tout entière consacrée aux travaux littéraires, sans aucune distraction amoureuse; fidèle à son attachement pour Mme d'Arbouville, qui vivait encore, il s'y refit une virginité, comme nous l'apprend un de ses sonnets:

> Non, je n'ai point perdu mon année en ces lieux:
> Dans ce paisible exil mon âme s'est calmée;
> Une absente chérie et toujours plus aimée
> A seule, en les fixant, épuré tous mes feux.
>
> Et tandis que des pleurs mouillaient mes tristes yeux,
> J'avais sous ma fenêtre, en avril embaumée,
> Des pruniers blanchissant la plaine clairsemée;
> Sans feuille, et rien que fleurs, un verger gracieux!
>
> J'avais vu bien des fois mai brillant de verdure,
> Mais avril m'avait fui dans sa tendre peinture.
> Non, ce temps de l'exil, je ne l'ai point perdu!
>
> Car ici j'ai vécu fidèle dans l'absence,
> Amour! et sans manquer au chagrin qui t'est dû,
> J'ai vu la fleur d'avril et rappris l'innocence.

À son retour, la France présentait un spectacle bien triste; la réaction contre la République, dirigée par les partis déchus, y triomphait de partout. De vieux libéraux, tels qu'Odilon Barrot, des voltairiens comme Cousin, Thiers, Saint-Marc, y donnaient la main aux légitimistes et aux évêques, à Montalembert, à Falloux, à Veuillot, à Dupanloup, pour supprimer le suffrage universel, livrer l'enseignement aux jésuites et jeter leur pays dans le pétrin clérical, d'où il a aujourd'hui tant de peine à se tirer. Sainte-Beuve, honteux pour ses anciens amis, saisit l'occasion que lui offrait *le Constitutionnel*[23] de mener contre eux une vigoureuse campagne, qui se termina par l'article des *Regrets*, sur lequel on a tant divagué. Il semble vraiment que le journaliste s'y soit montré ingrat et traître envers les libéraux, comme s'il fallait prendre au sérieux un libéralisme dont ils ne firent étalage qu'après avoir perdu le pouvoir.

Son adhésion à la présidence du prince Louis Bonaparte fut sincère et dégagée d'arrière-pensée, quoique tacite et indirecte; il n'y mit pas la main, comme faisaient ces mêmes partis monarchiques, dans l'espérance d'y trouver une planche pourrie pour arriver à leurs fins. Lui, accepta franchement l'idée et le fait d'une restauration napoléonienne. Dans les conjonctures difficiles, on prend l'habileté où elle se rencontre, et de deux maux on est bien forcé d'opter pour le moindre. Après tout, il suivit le courant et sentit comme le peuple.

Je ne suis pas impérialiste, et oncques ne le fus; mais toutes les déclamations entassées les unes sur les autres ne me feront pas admettre qu'un gouvernement ait duré vingt années, malgré le crime d'où il était issu, si la grande majorité de la nation n'en eût pas voulu. Le fait serait trop déshonorant pour nous. Quant à la corruption, c'est depuis la chute du régime qu'elle a surtout frappé les yeux; de près, on y était moins sensible. Il serait temps, peut-être, d'abandonner un thème qui ne signifie rien et qui nous ridiculise aux yeux de l'Europe. Ceux qui s'en font l'écho oublient sans doute que le même reproche a été constamment adressé au pouvoir, et, chaque parti l'ayant exercé à son tour, il s'en suivrait que la corruption serait universelle. Cela est absurde; nous avons aujourd'hui des républicains, dit-on, à notre tête, et l'on ne se fait pas faute de crier contre la curée des places, l'avidité, l'insolence et l'incapacité des fonctionnaires. Je ne vois pas qu'ils soient plus incapables ni moins arrogants qu'autrefois; il me semble que ce sont toujours les mêmes.

J'en dirai bien autant des criminels, que les journaux de nuances opposées se jettent dans les jambes les uns aux autres. On est assassin, voleur ou sodomiste par intempérance et par vice d'éducation, et non parce qu'on est républicain, légitimiste ou même bonapartiste. Laissez donc là ce jeu hypocrite et combattez-vous à armes courtoises.

Ma digression est faite; je reviens à Sainte-Beuve. À aucun moment, ce n'a été un courtisan de l'Empire; ce régime avait à ses yeux trop peu de souci des lettres et trop peu d'égards pour ceux qui les cultivent. Alors que beaucoup d'autres réglaient leur montre sur le cadran des Tuileries ou prenaient l'heure à leur paroisse, il alla de l'avant, ne pensant et ne parlant qu'à son gré.

De nombreuses maladresses, commises au *Moniteur*, où il écrivait, et qui indiquaient chez le directeur de la presse un manque absolu de tact, ne tardèrent pas à le mécontenter. Par exemple, un critique de ce journal ayant un jour cité un alexandrin moderne, le ministre fit aussitôt demander si, d'aventure, ce vers ne serait pas de Victor Hugo. On le retint sur le marbre de la composition jusqu'à ce qu'il eût montré patte blanche. Vérification faite, il était d'Alfred de Musset.

Un autre jour, l'éloge du sinologue Abel de Rémusat fut écarté, parce que Fould avait confondu ce savant avec l'auteur d'*Abélard*, Charles de Rémusat. Aussi, fallait-il entendre Sainte-Beuve cribler de ses railleries l'ignorance littéraire des Billaut, des Vaillant, des Rouher. Ayant été victime de plus d'un manque d'égards de la part des insolents et grossiers personnages qui entouraient le trône, il écrivait à l'occasion de Jomini: «Un souverain, surtout quand il est absolu, répond jusqu'à un certain point des injustices et des injures qu'on inflige en son nom à des âmes délicates, et par conséquent sensibles à l'outrage.» Le coup le plus rude lui fut précisément porté par l'empereur lui-même. La scène eut lieu, je crois, à Compiègne, où il n'avait accepté de venir qu'à son corps défendant[24] et sur les instances de la princesse Mathilde. Il avait certes droit plus que personne à quelque mot gracieux du prince, dont il servait depuis si longtemps la politique. Or, Napoléon III, l'ayant attiré dans un entretien particulier, se prit à lui dire: «Je goûte fort, monsieur, vos excellents articles du *Moniteur*.—Sire, il y a trois ans que je n'y écris plus», répliqua l'écrivain, justement blessé dans son amour-propre. Aussi, après avoir rempli vis-à-vis d'un tel gouvernement son devoir d'honnête homme et de bon serviteur par maint conseil discret sur la route à suivre, les écueils à éviter, les influences néfastes, voyant qu'on restait sourd à ses avis, il éclata publiquement et fit bande à part.

* * * * *

On comprend qu'il se soit refusé ensuite à parler de l'*Histoire de César*. Ce ne fut pas, d'ailleurs, son seul acte d'indépendance et de dignité. J'ai la bonne fortune de pouvoir donner ici une lettre inédite[25], qui prouvera avec quelle aisance spirituelle il se dérobait à certaines corvées, lorsque son dévouement était soumis à une trop rude épreuve. Il avait l'art, sinon l'audace, de dire la vérité; mais, enfin, il osait quelquefois la dire, et son adresse aidait à rendre son courage utile. M. Pelletier, chef de division au ministère d'État et chargé de la direction du *Moniteur*, l'ayant prié d'écrire un article sur une *Histoire des Girondins*, au succès de laquelle on tenait beaucoup, reçut de lui la lettre suivante:

«Cher monsieur,

> Je voudrais pouvoir dire *oui*; mais j'ai une difficulté insurmontable sur cet auteur: il me paraît compromettre tout ce qu'il touche; il est violent et n'a pas la tradition des choses dont il parle.
>
> «Ainsi, l'article de Condorcet, que le *Moniteur* a inséré, est odieux et faux; on peut être sévère pour Condorcet, mais ce n'est pas sur ce ton ni dans cette gamme. Je n'ai pas lu le reste de l'ouvrage; mais ce ne peut être bon, bien qu'il y ait des recherches. L'esprit n'en saurait être plus juste que celui de ses autres écrits. Car lui, il n'est pas un esprit éclairé, ce qui n'empêche pas qu'il n'ait une plume avec laquelle, à un moment donné, il joue merveilleusement du bâton. Je l'ai vu, comme journaliste, dirigé sur une position à enlever, et faire prouesse, s'en tirer à merveille. Mais, de lui-même, c'est un gladiateur et un casse-cou.

«Enfin, cher monsieur, vous saurez que de l'avoir nommé une fois dans je ne sais quel article et avec assez de politesse, est un des petits remords de ma vie littéraire[26]. Je n'ai, d'ailleurs, jamais eu à me plaindre de lui, mais c'est répulsion de nature, et que je vois très-partagée. Il a compromis le romantisme de Hugo; il a compromis le doctrinarisme de Guizot; il compromettrait ce qu'il sert aujourd'hui, si ce régime n'était pas en dehors et au-dessus des coups de plume pour ou contre.

«Voilà une confession; vous voyez comme je me livre.—Tout à vous.»

Inutile de nommer l'écrivain dont il s'agit, tout le monde aura reconnu Granier de Cassagnac.

X

LA MAITRESSE FAVORITE.—UN TRAVAILLEUR À L'OEUVRE.—DIFFÉRENDS AVEC LES ÉCRIVAINS ET AVEC LES FAMILLES.—AVANIE AU COLLÉGE DE FRANCE.

Toutes les femmes aimées de Sainte-Beuve rencontrèrent dans son coeur une rivale préférée, établie à demeure dès l'enfance, qui ne perdit jamais ses droits, n'eut pas à souffrir d'infidélité et vit plutôt son influence grandir avec les années. Cette rivale, hâtons-nous de le dire, c'est l'étude. Même en ses plus vives ardeurs, il préférait feuilleter de vieux livres que caresser de frais appas.

Une des supériorités de ce rare esprit fut, nous dit Mme Colet, de se ressaisir tout entier par le travail. Sitôt qu'il reprenait sa tâche de chaque jour, tâche régulière, scrupuleuse, obstinée, et que la mort seule interrompit, ses passions chômaient; la belle du moment était mise en oubli. Chateaubriand avait dit: «Si je croyais le bonheur quelque part, je le chercherais dans l'habitude.» Lui, avait substitué le génie au bonheur, l'avait cherché et l'avait trouvé dans un labeur fécond, chaque jour repris et patiemment poursuivi avec une persévérance invariable. C'est pendant ces nobles haltes, qu'il s'imposait comme une discipline inflexible, que ses tourterelles captives s'émancipaient sans qu'il y prît garde.

Le pur lettré eût bien voulu n'avoir pas à songer au profit et ne chercher dans l'étude que ce qui est agrément, douceur, oubli, passe-temps et délices. Mais il faut vivre. Sa fortune, il est vrai, le mettait au-dessus du besoin, lui assurait l'indépendance; elle était trop modeste pour satisfaire à ses instincts de générosité. De plus, il aimait la gloire, qui ne s'acquiert pas en se jouant et réclame une application constante et de chaque jour; sinon tout s'en va en fumée et en rêve. Ajoutez-y le goût de la galanterie et les dépenses qu'il entraîne. Qui veut vivre pour plaire doit plaire pour vivre. Force fut donc à son esprit de produire et de se plier au travail.

D'un autre côté, les conditions du goût se sont fort modifiées. Pour être digne de présenter aux autres les fruits de la littérature, il ne suffit plus de les sentir soi-même avec âme, il faut encore en avoir fait une patiente étude et s'être entouré de plus de notions possible, afin de saisir et de dérober le secret du génie:

«Où est-il le temps où on lisait anciens et modernes couché sur un lit de repos, comme Horace pendant la canicule, ou étendu sur un sofa, comme Gray, en se disant qu'on avait mieux que les joies du Paradis ou de l'Olympe? le temps où, comme le *Liseur* de Meissonnier, dans sa chambre solitaire, une après-midi de dimanche, près de la fenêtre ouverte qu'encadre le chèvrefeuille, on lisait un livre unique et chéri? Heureux âge, où est-il?

Rien n'y ressemble moins que d'être toujours sur les épines comme aujourd'hui en lisant, de prendre garde à chaque pas, de se questionner sans cesse, de se demander si c'est le bon texte, s'il est bien original... et mille autres questions qui gâtent le plaisir, engendrent le doute, vous font gratter le front, vous obligent à monter à votre bibliothèque, à grimper aux plus hauts rayons, à remuer tous vos livres, à consulter, à compulser, à redevenir un travailleur et un ouvrier enfin, au lieu d'un voluptueux et d'un délicat.»

Il a l'air de s'en plaindre, mais qui l'a vu chez lui sait bien que cette application acharnée lui était devenue une seconde nature et qu'il s'y délectait comme dans son élément.

Sa soif de découverte et de nouveauté n'est restée étrangère à aucune connaissance, et les a fait servir toutes au perfectionnement de l'histoire littéraire qui, de cette façon, hérite et bénéficie des autres branches de la culture humaine.

Moraliste à la suite de La Bruyère et de La Rochefoucauld, il observe et décrit les moeurs sans prétendre les régler. Son ambition va même plus haut. Il voudrait, sous la diversité des organisations, discerner les caractères qui se reproduisent invariablement, afin de classer les hommes comme on fait des plantes: «Je m'applique, dit-il, à étudier la nature sous bien des formes vivantes. L'une de ces formes étudiée et connue, je passe à l'autre. Je ne suis pas un rhéteur se jouant aux surfaces et aux images, mais une espèce de naturaliste des esprits, tâchant de comprendre et de découvrir le plus de groupes possible, en vue d'une science plus générale, qu'il appartiendra à d'autres d'organiser. J'avoue qu'en mes jours de grand sérieux, c'est là ma prétention.»

Ici, nous n'avons pas à décider si la prétention est justifiée. Sa méthode d'investigation, exposée au tome III des *Nouveaux Lundis*, a été maintes fois discutée et contredite. On peut la voir appliquée avec rigueur scolastique dans les ouvrages de M. Taine. Inutile, je crois, d'y insister davantage. En soi d'ailleurs une théorie est de peu d'importance; l'instrument ne vaut que par la main qui s'en sert. Sans plus nous inquiéter du but, arrêtons-nous aux accidents du voyage.

On n'attend pas de moi, sans doute, un portrait en pied; la difficulté serait trop grande de fixer celui d'un tel Protée. Au moment où vous croyez le tenir, il se dérobe et apparaît tout autre vingt pas plus loin. Le pinceau flexible dont il disposait eût seul été capable de grouper en une image ressemblante les nuances infinies qui, en se fondant, ont produit le critique universel.

Son premier fonds de collège était considérable. Loin de s'y tenir, comme on fait souvent, il le fortifia et l'accrut sans cesse, acceptant les conseils, les leçons même des latinistes et hellénistes les plus savants, et cela, jusqu'à un âge avancé. La plaisanterie de Montaigne, à propos du *vieillard abécédaire qui poursuit son écolage*, ne mordit jamais sur lui.

Il entendait suffisamment l'italien, médiocrement l'espagnol, beaucoup mieux l'anglais, sa langue quasi-maternelle, dont pourtant la poésie l'embarrassait parfois. Quant à l'allemand des informateurs et traducteurs l'aidaient au besoin, à en déchiffrer les textes. Il y répugnait un peu, à cause de l'obscurité du fond. Lui lisant un jour je ne sais quel morceau traduit de Hegel par M. Taine ou M. Littré, il m'arrêta dès que le changement de ton l'eût averti que le sens m'échappait: «Vous ne comprenez plus, n'est-ce pas? ni moi non plus; laissez là ces brouillards.»

La nature française résumant en elle, avec plus de rapidité et de contraste, les qualités et les défauts de l'espèce, il en fit l'objet principal de son étude. Une riche collection de livres, choisis un à un sur les quais et chez les libraires, ou achetés dans les ventes à l'époque où ils étaient encore accessibles aux petites bourses, était rangée en double et triple rayon aux murs de plusieurs chambres. L'excédant débordait dans les placards, dans des malles, sur des chaises, partout. Malgré ce désordre apparent, chaque volume avait sa place marquée dans le cerveau du travailleur qui, sans hésiter, savait où le prendre.

En outre, aussitôt qu'un article était en vue, les employés de la Bibliothèque nationale se mettaient en mouvement. On lui déterrait les bouquins les plus ignorés, les pièces les plus introuvables; on feuilletait à son intention catalogues et manuscrits; chacun s'empressait d'apporter son tribut à l'oeuvre du maître, heureux si, en récompense, il daignait quelquefois citer leur nom.

Quiconque a fréquenté tant soi peu la salle de travail, sait combien est sûre l'érudition de ces messieurs, de quelle science bibliographique ils sont tous riches, et en même temps quelle est leur complaisance à en faire profiter autrui. Jugez de leur ardeur et de leur zèle, quand il s'agit de l'un des princes de la littérature! La plupart des bibliothécaires, MM. Claude et Chéron particulièrement, se mettaient en quatre pour le contenter. Le résultat de leurs recherches formait chaque fois un ballot qu'il faisait prendre ou qu'on lui expédiait.

Autre ressource, non moins précieuse: tout individu sur lequel il avait une fois écrit devenait sien, entrait dans sa collection, dans sa ménagerie, avait son dossier. Nous appelions ainsi le paquet où était enfermé le premier article augmenté des productions ultérieures de l'auteur et des lettres échangées avec lui. On y joignait les études publiées sur lui par d'autres critiques, les renseignements et particularités recueillis sur sa personne. Toutes ces paperasses accumulées composaient l'humus sur lequel devait éclore la végétation.

Le suffrage universel ayant du bon, même en littérature, Sainte-Beuve attendait quelquefois que tous les périodiques, revues et journaux, eussent traité le sujet, afin de résumer la discussion et de rendre l'arrêt. Cependant il préférait tirer le premier, donner le coup de cloche et attacher le grelot.

Après avoir vécu huit ou quinze jours dans l'intimité de son auteur, entrant dans son caractère, dans ses moeurs, dans ses passions, dans ses préjugés; après avoir consulté sur lui tout ce qui pouvait renseigner, hommes et choses, il défendait sa porte et se mettait à l'oeuvre.

En une journée et tout d'une haleine, au risque de se fouler le pouce ou le poignet, il couchait l'article sur de petits feuillets, de son écriture menue et cursive, à peine tracée, et qu'il était ensuite assez difficile de transcrire.

Puis il se relisait pour donner le dernier poli, effaçait l'apprêt, l'air de rhétorique inhérent à l'improvisation, et tâchait de rendre sa phrase aussi souple que la parole. Son application en ce sens allait jusqu'à la manie: il ne voulait employer que des plumes d'oie, trouvant à celles d'acier trop de roideur et de résistance à mouler l'élasticité de sa pensée. Le purisme, qui retient et glace, était sacrifié à l'aisance, au naturel, à d'aimables négligences. Entre une expression correcte et un tour neuf et hardi, pas la moindre hésitation, la grammaire attrapait son soufflet. Cela n'aidait que mieux à donner au style sa netteté, ce premier éclat simple auquel le grand écrivain sacrifiait toute fausse couleur. Cette qualité n'est-elle pas d'ailleurs un besoin pour une nation prompte et pressée comme la nôtre, qui veut entendre vite et n'a pas la patience d'écouter longtemps? Tant d'application et de soins n'allaient pas sans de grandes fatigues. De temps à autre, les organes surmenés refusaient leur service. En 1860, les yeux, qu'il avait fort tendres, s'étaient enflammés au point qu'il fallut recourir à l'oculiste. Après un essai inutile de cautérisation des paupières, Sichel ordonna de renoncer au travail et d'aller immédiatement à la campagne passer quelques mois de repos absolu et de vie purement végétative. La souffrance était si aigüe, que Sainte-Beuve écouta l'ordonnance, promit de la suivre à la lettre, et mit aussitôt ses amis à la recherche d'une ferme où il pût, avec ses entours, se loger et vivre à l'aise.

On lui en découvrit une à quatre ou cinq lieues de Paris, pourvue des commodités désirables; mais il voulut, avant de s'y rendre, en connaître les habitants et voir s'ils seraient d'humeur à s'accommoder à la sienne. Ces bonnes gens vinrent donc un dimanche s'attabler, rue Montparnasse, autour d'un plantureux repas auquel ils firent honneur, tout en vantant le bon air de leur ferme et les agréments dont on y jouissait. Le prix fut débattu, et l'on s'entendit sur les divers arrangements de l'installation. Même, ayant trouvé le vin bon et la chère succulente, ils promirent de revenir le dimanche suivant, pour donner un coup de main au déménagement et conduire leurs hôtes futurs.

Pendant toute la semaine, la maison fut en l'air. On tira du grenier caisses et malles, et l'on y empila ce dont on pourrait avoir besoin. À chaque instant, Sainte-Beuve entr'ouvrait la porte de son cabinet pour héler la gouvernante et lui demander si l'on n'avait pas oublié ceci ou cela, ses caleçons, ses *madras* (les foulards dont il s'entourait la tête).

Et le soir, aux causeries qui suivaient le dîner, que de charmantes idylles esquissées par avance! Adieu les tracas et le tourment de l'existence fiévreuse; désormais plus d'autre souci que de s'abandonner à la bonne loi naturelle et de suivre, mollement étendu sous les pommiers, le circuit de l'ombre autour du tronc. Tous les matins, une promenade sur la lisière de la forêt voisine ou vers la mare où se jouent les canards dans un gai rayon de soleil. Plus de visites; plus de contrainte gênante:

> Là chacun à son gré dans le logis s'arrange;
> Si quelque ami nous vient, on le couche à la grange.

Sainte-Beuve avait toujours eu, du moins le croyait-il, des aspirations vers la vie paisible et retirée à la campagne; il les a exprimées en mainte rencontre. Certain petit tableau de Winants, un paysage hollandais représentant une cabane de bûcheron à l'entrée d'un bois, avait particulièrement le don de l'attendrir. Une émotion dont il ne se rendait pas compte le tenait là devant à rêver de paix, de silence, de condition innocente et obscure.

Au fond, le séjour des champs ne pouvait, je pense, lui convenir qu'un moment, comme passe-temps accidentel, afin de se mieux remettre en appétit de société. Ce qui le prouve, c'est qu'il a, sans en souffrir, passé sa vie dans un cabinet d'où la vue portait sur de hauts murs, d'une couleur triste et grise mal dissimulée sous un rideau de lierre. En fait de nature champêtre, un carré de jardin, grand comme un mouchoir de poche, où s'étiolaient deux ou trois arbustes, et tellement étouffé entre la hauteur des murs que les plantes refusaient d'y fleurir. Il fallait à chaque printemps le repeupler avec des fleurs empruntées à un parc du voisinage. Sans doute l'écrivain avait le rayon en lui. La fraîcheur de son imagination suppléait à l'absence de verdure.

Durant la semaine dont j'ai parlé, il se livra à une vraie débauche de poésie rustique. Ce fut un hymne perpétuel en l'honneur des paysans. Puis, quand tout fut prêt pour le départ, qu'il ne manqua plus rien aux bagages et que les malles furent bien ficelées: «Vous pouvez tout remettre en place, dit-il, notre voyage est fait et me voilà guéri.» Réellement, toute ardeur aux paupières avait disparu.

Je ne voudrais pas encourir le reproche de faire passer les gens par la cuisine et de trop m'arrêter aux détails du métier. Venons-en donc aux rapports de l'auteur avec ses confrères.

Après la publication de chacun de ses volumes, il en suivait le retentissement dans la presse, surveillant d'un oeil attentif tout ce qu'on en disait. Loin de redouter la critique, il la provoquait et offrait ses livres, même aux adversaires, pour peu qu'il les sût capables de les apprécier. À l'éloge banal il préférait la contradiction, y répondait avec vivacité, mais avec courtoisie et ne se défendait qu'en allant sur le terrain de l'ennemi. Acceptant sans froncer le sourcil le reproche d'inconstance et de variation que ne lui ménageaient pas les croyants de tous bords, il payait volontiers de quelques piqûres à la sensibilité de son épiderme les délicatesses que son infidélité ajoutait à ses plaisirs. Les seuls journaux qui eussent le don de l'irriter étaient les feuilles légitimistes et cléricales, parce que de tout temps, même avant son éclat au Sénat, au lieu de discuter ses idées, on y attaquait son caractère par des insinuations et des calomnies, et on essayait de le flétrir. Aussi, à ma connaissance, n'a-t-il été outrageux lui-même que contre Genoude, Laurentie et M. Veuillot.

Afin de ne pas manquer au devoir de politesse, le secrétaire devait lire les journaux et signaler les articles à mesure. On témoignait à tous, même aux plus humbles, combien l'on était sensible à leur attention: une lettre de gratitude et d'effusion aux gros bonnets, quelques mots de remercîment sur une carte pour le menu fretin.

La polémique lui paraissait inutile et indigne d'un esprit sérieux; sinon, elle l'aurait tenté: «Je ne crains pas les coups, disait-il, à condition de pouvoir les rendre.» Mais il n'admettait ni les gros mots ni les injures dont vit certaine presse. Ayant eu un jour l'imprudence de lui apporter un numéro de petit journal où il était bassement insulté, ce fut une explosion de mépris: «Savez-vous ce que c'est que votre X...? Oh! ne vous en défendez pas, vous avez un faible pour ce torche-c... Eh bien! votre X..., c'est un tir au pistolet. Quand on en veut à quelqu'un, on va là, on vise son homme, on paie, on tire son coup et l'on s'en va.»

Je voudrais, par un exemple entre mille, indiquer avec quelle habileté Sainte-Beuve parvenait, en restant fidèle à la vérité, à toucher aux fibres les plus délicates sans blesser l'amour-propre des intéressés. On ne peut s'en faire une idée, si l'on ne remet l'article en situation, si l'on ne se représente les difficultés de la tâche. C'est le seul moyen de juger à quel point de franchise il poussait les révélations intimes, fût-ce à l'égard de gens qu'il était habitué à respecter. Essayons d'un fait.

M. Guizot avait épousé en premières noces une femme d'un mérite solide, mais plus âgée que lui, Mlle Pauline de Meulan. Comme toutes les vieilles filles qui ont mis la main sur de jeunes maris, celle-ci adorait le sien et portait dans son affection conjugale tout l'arriéré d'une jeunesse chastement consacrée au travail et l'ardeur d'une flamme allumée sur le tard. Elle tremblait sans cesse que son bonheur ne lui échappât. Lorsqu'elle fut atteinte de la maladie dont elle devait mourir, son mari, pour la soigner, prit avec lui une nièce assez jolie, qui devint la seconde Mme Guizot. Autour du lit de la mourante, ces deux jeunesses, qui s'étaient convenues de prime abord, en vinrent peu à peu à ne plus dissimuler leur inclination. Le regard jaloux de Pauline de Meulan put lire dans leurs yeux et y surprendre peut-être l'impatience de son trépas. Qu'on juge de son désespoir!

Certes il y avait là un cas de morale humaine assez curieux, une scène digne du pinceau délié que nous connaissons. Mais comment raconter cela du vivant de M. Guizot, celui-ci étant ministre tout-puissant, alors surtout que, en bons termes avec lui, on ne tenait nullement à lui déplaire? Cette plume prestigieuse y est parvenue, indirectement et par allusion, il est vrai, mais enfin elle y est parvenue. Écoutez, et sachez entendre à demi-mot:

«Son bonheur fut grand: sa sensibilité, qui s'accroissait avec les années, délicat privilége des moeurs sévères! le lui faisait de plus en plus chérir, et, je dirai presque regretter… Cette sensibilité, à qui elle dût tant de pures délices, fut-elle toujours pour elle une source inaltérable, et, en avançant vers la fin, ne devint-elle pas, elle, raison si forte et si sûre, une âme douloureuse aussi? Sa santé altérée; au milieu de tant d'accords profonds et vertueux, le désaccord enfin prononcé des âges; ses voeux secrets (une fois sa fin entrevue) pour le bonheur du fils et de l'époux, avec une autre qu'elle, avec une autre elle-même; il y eut là sans doute de quoi attendrir et passionner sa situation dernière plus qu'elle ne l'aurait osé concevoir autrefois pour les années de sa jeunesse.»

À force de ménagement, il a fait passer la pilule; tout y est, mais il faut savoir la chose pour comprendre.

Voilà bien du tourment pour un mince résultat, diront les indifférents. Gardez-vous de le croire. C'est grâce à ces adroites finesses que la critique peut sortir des banalités de l'école et constituer une science exacte. Il n'y a d'ailleurs de vraie biographie qu'à ce prix. On a grandement raison d'admirer de semblables détails dans les vies de Plutarque, mais combien ils ont plus d'intérêt quand ils se rapportent à des contemporains, à des gens que nous avons connus et coudoyés. Ce sera l'éternel honneur de Sainte-Beuve d'avoir démêlé dans cette foule de visages, où la nature lui avait accordé de lire, quelques indices de caractère et de les constater sans violer les convenances. «Son mérite supérieur est d'avoir étudié les événements humains dans les individus vivants qui les font ou qui les souffrent. Il a aimé de tout son coeur la vérité et l'a cherchée de toutes ses forces[27].» Le mot anglais *Truth* n'était pas seulement l'exergue de son cachet, mais le but constant de ses efforts. Un peu trop timide au début, l'audace lui vint avec le temps.

L'homme de courage n'est pas celui qui s'expose inutilement et se fait tuer en pure perte. On ne doit courir les dangers qu'à bon escient. Supposez un inconnu, un débutant qui publie sur quelque personne célèbre des détails vrais, mais peu honorables, qu'arrive-t-il? Aussitôt la famille, que les vices ou les crimes de l'ancêtre ont enrichie, se levant indignée au nom de la morale, traîne l'imprudent et pauvre diable devant les tribunaux. Nous avons dans l'arsenal de nos lois deux ou trois articles si favorables aux coquins qu'on les dirait rédigés par eux-mêmes. Ce ne sont pas ceux que l'on applique avec le moins de plaisir. Ils seront opposés à l'écrivain téméraire, qui se verra condamné, conspué, flétri, aux applaudissements des badauds; on lui coupera le sifflet pour toujours.

Mais que ces mêmes détails soient publiés par un écrivain autorisé et, si ce n'est pas assez, par un haut fonctionnaire, par un sénateur, la scène change, le point de vue moral est renversé. Là, comme ailleurs, *qui a pouvoir a droit*. Peut-être essaiera-t-on de l'intimider par la menace d'un procès. Mais si, fort des vérités dont il a plein la main, il menace à son tour d'en dire davantage; de publier, s'il le faut, son livre à l'étranger, oh! alors la famille, fût-ce les Castellane ou les Broglie, rengaine et fait retraite avec sa courte honte.

Eût-elle pas mieux fait de se tenir tranquille? Laissez le moraliste, qu'il soit illustre ou obscur, scruter en liberté la vie et l'âme de ceux à qui vous tenez: ce qu'il y a de vivant dans leur immortalité n'en ressortira que mieux. Son impartialité vous répond de sa justice. Il dissèque le coeur humain comme le chimiste un poison subtil ou le zoologiste un beau serpent. L'ardeur qu'il met à son analyse, lui dissimule, tant qu'elle dure, les dangers du venin. Même après l'opération, il lui reste un grain de faiblesse pour les vices: «Ne me parlez pas des gens vertueux, disait parfois Sainte-Beuve, ils sont assommants. Les coquins, à la bonne heure! avec eux, on ne s'ennuie jamais[28].»

Ce Talleyrand, qu'on voulait l'empêcher de portraiturer, il l'a traité avec tant de jubilation qu'il en a, contre son habitude, oublié un remarquable profil tracé par Benjamin Constant dans le livre des *Cent et un*. Le féroce égoïsme du personnage y est si bien pris sur le vif que je veux citer la page, à titre de hors-d'oeuvre:

> Ce qui a décidé du caractère de Talleyrand, ce sont ses pieds. Ses parents, le voyant boiteux, décidèrent qu'il entrerait dans l'état ecclésiastique, et que son frère serait le chef de la famille. Blessé, mais résigné, M. de Talleyrand prit le petit collet comme une armure, et se jeta dans sa carrière pour en tirer un parti quelconque.
>
> Entré dans l'Assemblée constituante, il se réunit tout de suite à la minorité de la noblesse, et prit sa place entre Sieyès et Mirabeau. 11 était peut-être de bonne foi, car tout le

> monde a été de bonne foi à une époque quelconque. D'ailleurs, dans ce temps-là, on pouvait être de bonne foi et réussir, parce que les intérêts et les opinions étaient d'accord.
>
> Pour briller dans l'Assemblée, il aurait fallu travailler; or, M. de Talleyrand est essentiellement paresseux; mais il avait je ne sais quel talent de grand seigneur pour faire travailler les autres.
>
> Je l'ai vu à son retour d'Amérique, quand il n'avait aucune fortune, qu'il était mal vu de l'autorité, et qu'il boitait dans les rues, en allant faire sa cour d'un salon à l'autre. Il avait, malgré cela, tous les matins, quarante personnes dans son antichambre, et son lever ressemblait à celui d'un prince.
>
> Il ne s'était jeté dans la Révolution que par intérêt. Il fut fort étonné quand il vit que le résultat de la Révolution était sa proscription, et la nécessité de fuir la France. Embarqué pour passer en Angleterre, il jeta les yeux sur les côtes qu'il venait de quitter, et il s'écria: «On ne m'y reprendra plus à faire une révolution pour les autres!» Il a tenu parole.
>
> Chassé d'Angleterre fort injustement, il se réfugia en Amérique, et s'y ennuya trois ans. Son compagnon d'exil et d'infortune était un autre membre de l'Assemblée constituante, un marquis de Blacous, homme d'esprit, joueur forcené, et qui s'est brûlé la cervelle de fatigue de la vie et de ses créanciers à son retour à Paris. M. de Talleyrand parcourut avec lui toutes les villes d'Amérique, appuyé sur son bras, parce qu'il ne savait pas marcher seul.
>
> Quand il a été ministre, M. de Blacous, revenu en France, invité par lui, a demandé une place de 600 livres de rente. M. de Talleyrand ne lui a pas répondu, ne l'a pas reçu, et Blacous s'est tué. Un de leurs amis communs, ému de cette mort, dit à M. de Talleyrand: «Vous êtes pourtant cause de la mort de Blacous,» et lui en fit de vifs reproches. M. de Talleyrand l'écouta paisiblement, appuyé contre la cheminée, et lui répondit: «Pauvre Blacous!»

Ce ne sont pas seulement les sévérités qui soulevaient des réclamations contre Sainte-Beuve, ses éloges même et le bien qu'il disait des gens avaient presque autant de peine à passer. Il en fit plus d'une fois l'épreuve, et notamment lors de son étude sur M. Littré. Sollicité à l'indulgence par M. Hachette, au moment où se lançait la grande affaire du *Dictionnaire de la langue*, il promit de rentrer ses griffes. Rencontrant là d'ailleurs un de ces hommes, l'honneur de notre temps, dont la vie est consacrée à l'avancement des sciences et à la pratique des vertus, qui ne visent qu'à s'instruire et à instruire les autres de ce qu'ils savent être le vrai, un des rares individus, parmi tant d'ambitieux et de courtisans de la fortune, qui se dérobent aux honneurs et ne les recherchent jamais; une âme stoïque enfin trempée dans la charité chrétienne, le peintre avait soigné son portrait avec amour et respect. Pas de restriction à la louange, une large sympathie embrassant tous les traits du modèle et couronnant son front d'un nimbe glorieux. Il avait prêté de sa propre finesse et de sa grâce au savant mais rude traducteur d'Hippocrate, dont quelques parties un peu sombres et hérissées choquaient sa délicatesse.

Croit-on que l'apothéose satisfit complétement celui qu'elle déifiait? Oh! que nenni! M. Littré aspira sans éternuer le flot d'encens auquel une main, déshabituée de le prodiguer, ajoutait tout son prix; sa modestie ne s'effaroucha point et ne fut choquée que du seul endroit où l'on disait de son père: «Il avait eu la vie rude et même misérable; il avait été pauvre, et il lui arrivait de le rappeler à son fils en des termes qui ne s'oublient pas: *Il m'est arrivé de manquer de pain, toi déjà né*. Cela devenait un stimulant ensuite pour acquérir le pain de l'esprit, et surtout pour être disposé à le partager avec tous.»

Y a-t-il là, je vous le demande, rien que d'honorable? Cependant M. Littré aurait voulu que l'on effaçât, que l'on adoucît du moins le passage, tant la vanité se niche au coeur même des plus purs! Sa réclamation, comme bien l'on pense, resta sans effet. Sainte-Beuve, fort coulant pour le reste, était inflexible quand il s'agissait de telles rectifications. «C'est acquis,» répondait-il. Si l'on insistait, il préférait supprimer l'article plutôt que de déguiser sa pensée.

Toute espèce de génie, pour celui qui le possède, est l'instrument d'une grande joie, à la condition qu'il pourra le manifester avec indépendance et en pleine liberté. Ce bonheur ne fut pas complétement accordé à Sainte-Beuve. Muni comme il l'était d'un talent de vulgarisation hors de pair, il eût désiré agir immédiatement sur le public, le servir, en être entouré, communiquer à son auditoire l'âme des grands poëtes dont il avait pour lui recueilli la fleur. Il lui eût été doux de remporter quelques-uns de ces triomphes de la parole auxquels il s'était préparé, et de recevoir, en retour de ses leçons, le contre-coup excitant de l'applaudissement et de la louange. La malveillance de M. Villemain ne le permit pas. Lorsque la politique enleva ce littérateur à la chaire qu'il avait illustrée, au lieu d'y laisser monter le rival de gloire qui avait grandi à son ombre et malgré son ombre, il écouta son jaloux instinct et se fit remplacer par des Gérusez, des Caboche: bon moyen pour que son absence en fût plus remarquée.

On ne lui a jamais réclamé sa place directement et de vive voix, cela va de soi pour qui connaît l'un et l'autre; mais, dès 1836, on lui adressait un généreux appel, qu'une âme un peu mieux située eût compris et qui eût étouffé tout autre jalousie. Voyez comme la plainte s'y voile de pudeur:

«Il y a avantage encore, même au point de vue de la gloire, à naître à une époque peuplée de noms et de chaque coin éclairée. Voyez en effet: le nombre, le rapprochement ont-ils jamais nui aux brillants champions de la pensée, de la poésie, ou de l'éloquence? Tout au contraire; et, si l'on regarde dans le passé, combien, sans remonter plus haut que le siècle de Louis XIV, cette rencontre inouïe, cette émulation en tous genres de grands esprits, de talents contemporains, ne contribue-t-elle pas à la lumière distincte dont chaque front de loin nous luit?...

On est, en effet, tous contemporains, amis ou rivaux, à bord d'un navire, à bord d'une aventureuse *Argo*. Plus l'équipage est nombreux, brillant dans son ensemble, composé de héros qu'on peut nommer, plus aussi la gloire de chacun y gagne, et plus il est avantageux d'en faire partie. Ce qui, de près, est souvent une lutte et une souffrance entre vivants, est, de loin, pour la postérité, un concert. Les uns étaient à la poupe, les autres à la proue: voilà pour elle toute la différence. Si cela est vrai, comme nous le disons, des hautes époques et des *Siècles de Louis XIV*, cela ne l'est pas moins des époques plus difficiles où la grande gloire est plus rare, et qui ont surtout à se défendre contre les comparaisons onéreuses du passé et le flot grossissant de l'avenir, par la réunion des nobles efforts, par la masse, le redoublement des connaissances étendues et choisies, et, dans la diminution inévitable de ce qu'on peut appeler proprement *génies créateurs*, par le nombre des talents distingués, ingénieux, intelligents, instruits et nourris en toute matière d'art, d'étude et de pensée, séduisants à lire, éloquents à entendre, conservateurs avec goût, novateurs avec décence.»

Sainte-Beuve perdit son temps à cajoler son rival et à lui passer doucement la main sur l'échine.

Rien qu'à voir les ouvrages que nous ont valus les deux cours professés par lui à l'étranger, on devine ce qu'il aurait donné si, pendant une période un peu longue, il avait été mis en demeure de satisfaire un public français. Nul doute qu'il n'en fût sorti une histoire de notre littérature autrement variée et fertile que celle de M. Nisard. La route étroite où quelques arbres masquent la forêt eût fait place à une large voie civilisatrice, avec tous ses embranchements et ramifications, traversant la France d'un bout à l'autre et portant dans les coins les plus reculés la lumière et la vie.

Combien de fois ne l'ai-je pas supplié de réunir quand même dans un monument, que lui seul pouvait édifier, tant de riches matériaux déjà taillés de sa main avec art et qui ne demandaient qu'à former un ensemble harmonieux! Deux éditeurs lui avaient concurremment proposé pour cet ouvrage une somme considérable. Il fut tenté, promit de s'y mettre, et finit par reculer devant l'immensité de la tâche. C'était trop tard.

Je regretterais moins que l'on ait étouffé sa voix au Collége de France, —il s'engageait là sur un sujet usé[29],—si l'avanie dont il fut victime n'était une de ces fautes dont on est forcé de rougir. L'hostilité qui se déclara tout d'abord s'explique par les rancunes des auteurs critiqués ou dédaignés. En même temps, on prit sur lui une revanche de ce que l'on ne pouvait se permettre ailleurs; on se donna la satisfaction d'une émeute à huis-clos, moins dangereuse que dans la rue. En un mot, ce fut une lâcheté. Ressentant l'outrage sans en être aigrie ni abattue, sa belle intelligence trouva en elle-même de quoi faire honte à ceux qui l'avaient si indignement traitée.

Disons-le à l'honneur du caractère français: s'il a ses moments d'erreur où la passion l'entraîne, il en revient promptement et répare autant qu'il est en lui. Les écrivains, après s'être ligués aux politiques pour insulter leur chef, ont tenu ensuite à lui faire oublier cet affront par d'unanimes témoignages d'admiration et de respect. Les étudiants eux-mêmes, qui avaient profité de l'occasion pour faire du tapage, ont effacé leur tort soit en venant le féliciter de son attitude au Sénat, soit en assistant à ses funérailles. C'est là une amende honorable et très-suffisante. Seule la haine politique n'a pas désarmé; elle réitère et aggrave, envers la mémoire du critiqué, l'injure infligée à sa personne. L'orléanisme, par l'organe de M. Othenin d'Haussonville, revendique hautement la responsabilité de l'exécution et s'en vante:

«L'accueil fait au professeur de poésie latine était une leçon adressée par la *jeunesse libérale* à l'auteur des *Regrets*, leçon brutale sans doute et déplacée, mais qui fut d'autant plus vivement sentie par lui qu'*elle était mieux méritée*.»

La jeunesse libérale! nous savons ce qu'en vaut l'aune. Elle avait alors pour héraut et porte-parole un talent des plus distingués, une fine plume de polémiste, l'aigle de la bande dont le jeune M. d'Haussonville est aujourd'hui le plus bel ornement. Au plus fort de la guerre d'épigrammes que ce secrétaire des anciens partis dirigeait contre l'Empire, Sainte-Beuve, dans un article bienveillant, lui adressa quelques avis pleins de modération et de sagesse: «Pourquoi tant se courroucer contre un gouvernement que la France tolère, bien qu'elle ne l'ait pas choisi? Eh non! tout n'est pas parfait sans doute; acceptons, sauf à corriger, à améliorer.» L'aiglon répondit avec arrogance, lui si poli d'ordinaire, qu'*il ne pactisait pas avec le despotisme*. Il avait ses principes, l'amour sacré, *désintéressé*, de la liberté, de la dignité humaine. En vain lui insinuait-on que l'homme n'a jamais d'autres principes que les intérêts de sa fortune ou de son esprit. Il ne voulait rien entendre et se proclamait *inconciliable*. Qu'arriva-t-il cependant? Du premier jour où ce gouvernement tant détesté fit mine d'entrebâiller la porte des emplois aux orléanistes, le fier polémiste s'y précipita tête baissée et fut suivi de la fleur du libéralisme.